オークション理論の基礎

ゲーム理論と情報科学の先端領域

横尾 真 著

東京電機大学出版局

はじめに

　本書はオークションの理論に関する入門書です．米国では eBay，日本では Yahoo!，ビッダーズ，楽天などのインターネット上のオークションサイトが人気を集めており，買い物をする際，あるいは不用品を処分する際の選択肢の一つとして定着しつつあるようです．

　インターネットオークションで買い物をする際には，出品されている商品のどれを選択するか，また，いくらまでなら入札してもよいかなどの，さまざまな意思決定をする必要があります．また，出品する立場では，最低販売価格をいくらに設定するか，出品期間をどう設定するかなどを決める必要があります．これらの意思決定においては，自分の行動や利益のみではなく，他者がどのように考えて，どのように行動するかを考慮に入れる必要があります．

　このような複数の人間（プレイヤ）が，相手の利益や行動を考慮して戦略的に行動する場合の意思決定を分析する理論としてゲーム理論があります．1994 年にジョン・ナッシュら三名のゲーム理論家がノーベル経済学賞を受賞し，さらに，2002 年にジョン・ナッシュの伝記的映画「ビューティフル・マインド」がアカデミー賞を受賞し，また，2005 年にロバート・オーマンとトーマス・シェリングの二名のゲーム理論家がノーベル経済学賞を受賞するといった背景により，ゲーム理論に関する一般の方の関心が高まっているように感じます．

　オークションの理論は，ゲーム理論をベースにしたものであり，あるオークション方式（プロトコル）を用いた場合の結果がどうなるかを予測したり，また，不正行為の影響を受けないなどの望ましい性質を満たすオークションプロトコルを設計するために用いることができます．1996 年にはオークション理論の研究で知られているウィリアム・ビックレーがノーベル経済学賞を受賞しています．

インターネットの利用により，オークションが非常に身近なものとなった一方で，顔の見えない多くの参加者が存在することから，誰もが安心して利用できるオークションプロトコルを設計するためには，このようなオークションの理論が重要となってくるものと考えられます．また，米国では近年，携帯電話の周波数帯域の利用権の割当てがオークションによって決定されています．限りある公共の財産を迅速かつ効率的に運用するための方法としてオークションが用いられており，社会的に望ましい結果が得られるオークションプロトコルを設計することが重要な課題となっています．

このように，複数の戦略的行動をするプレイヤが集団で意思決定を行う場合に，望ましい性質を満足する社会的ルールを設計することは制度設計／メカニズムデザインと呼ばれ，ゲーム理論の一分野として活発な研究が行われており，オークションプロトコルの設計はメカニズムデザインの重要な応用分野となっています．

本書では，オークション理論およびその基礎となるゲーム理論について解説しています．また，チェスや将棋のような一般のゲームに関する話題などの通常のゲーム理論の本では扱われない内容や，組合せオークションなどの情報科学とゲーム理論の境界領域の最先端の研究内容に関しても紹介を行っています．

本書ではなるべく難しい数式は使わず，抽象的な内容よりは，興味が持てるような身近な例題を用いるように努力しています．本書により，ゲーム理論／オークション理論に関する興味を深めて頂ければ幸いです．

2006 年 5 月

著者しるす

目次

第 1 章　オークション理論とは？　　1

第 2 章　ゲーム理論の基礎　　5
  2.1　最も単純なゲーム：二人ゲーム　　5
  2.2　ゲームの前提：合理的なプレイヤ　　7
  2.3　優位な手を探す：支配戦略均衡　　8
  2.4　相手の立場に立って考える：反復支配戦略均衡　　9
  2.5　負けない手を探す：ミニマックス戦略　　13
  2.6　相手に読まれないためには：混合戦略　　16
  2.7　社会的に望ましい結果は？：パレート効率性　　21
  2.8　裏切りは必然？：囚人のジレンマ　　23
  2.9　ゲームが繰り返される場合：バックワードインダクション　　26
  2.10　どちらも優位な手がない場合：ナッシュ均衡　　29

第 3 章　繰り返しゲームとゲーム木探索　　35
  3.1　ゲームの必勝法？　　35
  3.2　ゲームの木　　37
  3.3　負けにくい手を探す：ミニマックス法　　43
  3.4　ミニマックス法の高速化：アルファ・ベータ探索　　45
  3.5　人工知能のショウジョウバエ？：ゲームプログラムの歴史　　50
  3.6　失敗しないプランを探す：自然を相手に対戦　　52
  3.7　偽金貨問題の解答　　53

第4章 オークションの基礎　55
- 4.1 相手のタイプがわからない場合：不完備情報ゲーム 55
- 4.2 大学に行く理由？：シグナリング 58
- 4.3 参加者のタイプ：個人価値／共通価値／相関価値 62
- 4.4 セント・ペテルスブルグの逆説 64
- 4.5 オークションプロトコルに望まれる性質 66
- 4.6 望ましいルールとは？：メカニズムデザイン 70
- 4.7 様々なオークションプロトコル 72
- 4.8 どの方式が一番儲かるか？：収入同値定理 81
- 4.9 談合の影響 84
- 4.10 ビックレー入札の課題 84
- 4.11 正直が最良の策？：誘因両立的なプロトコル 86
- 4.12 呪われた勝者：勝者の災い 89
- 4.13 複数属性オークション／調達 92
- 4.14 怪しい商品？：情報の非対称性 96
- 4.15 クイズ：大は小を兼ねる？の解答 99

第5章 オークションの発展：組合せオークション／ダブルオークション　101
- 5.1 組合せオークションとは？ 101
- 5.2 誰が勝者？：勝者決定問題 103
- 5.3 英国型を一般化：同時多数回オークション 107
- 5.4 組合せオークションでも正直が最良の策？：一般化ビックレー入札 108
- 5.5 フリーライダの問題 111
- 5.6 一般化ビックレーオークションの性質 112
- 5.7 クラークの税 114
- 5.8 インターネットオークションでの問題点：架空名義入札 116
- 5.9 ダブルオークションの概要 125
- 5.10 ダブルオークションでも正直が最良の策？：MDプロトコル ... 128

5.11 ダブルオークションでの架空名義入札の影響 130
5.12 入札額を秘密にしたまま勝者決定?：セキュア組合せオークション 133

第6章 関連図書 139

参考文献 141

索引 145

第1章
オークション理論とは？

本書はゲーム理論，特にオークションの理論の基礎に重点をおいた入門書です．インターネットを用いたオークションサイトが盛んとなってきて，オークションが非常に身近なものとなっています．そもそもオークションに理論なんてあるのかという疑問を持たれる方が多いと思いますので，オークション理論の雰囲気をつかむために，以下のような事例を考えましょう．

> 顧客は長距離電話をかけようとしている．その際に，電話会社は固定的な料金でサービスを行うのではなく，その時点でのトラフィック等に応じて動的に料金設定を行う．電話会社は顧客に対して，同時に入札をして価格を提示する．電話機は，自動的にこれらの入札を用いて電話会社を選択する．

常識的な方法として，電話機は最も安い入札を選び，最も安い入札をした電話会社がその入札した金額でサービスを提供することが考えられます（この方法は第一価格秘密入札と呼ばれます）．例えばA社が18セント，B社が20セント，C社が23セントの入札をした場合，A社が落札し，18セントでサービスを提供します（図1.1）．

常識的に考えれば，これより良い方法はないと思われますが，この方法には若干の問題点があります．この方法を用いた場合，電話会社にとって入札値をどう設定するかが非常に難しい問題となります．入札値は，理想的には原価に対して適切な利潤を加えたものになるべきですが，適切な利潤というものを決める方法がありません．実際のところ，電話会社は可能な限り利潤を増やしたいのですが，

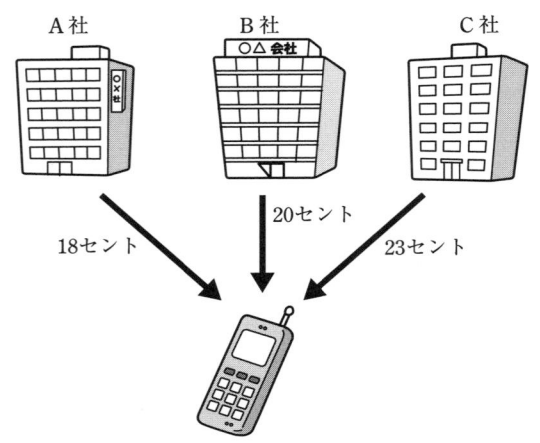

図 1.1　オークションの例

落札できなくては利益が得られません．

　電話会社にとって他社の入札値をなるべく正しく推定することは非常に重要な課題となり，ダミーの顧客を使って他社の入札値を引き出そうとしたり，他社の入札をスパイするような行為が蔓延することが十分に予想されます．他社の入札値を読み間違えた場合，例えば A 社が誤って入札値を 21 セントまで上げてしまった場合は，本来最も安価にサービスが提供可能であった会社がサービスを供給しないことになり，顧客にとっても損失となります．

　では，このような状況を回避することは可能でしょうか? 以下のように価格の決定方法を変更することにより，この問題を回避することができます．

> 電話機は最も安い入札をした会社を選ぶが，その際に顧客が支払う金額は二番目に安い入札値とする．

　前述の例では，A 社が落札することは変わらないのですが，顧客の支払う金額は B 社の提示した 20 セントとなります．この方法は第二価格秘密入札，もしくはビックレー入札と呼ばれ，ノーベル経済学賞を受賞したウィリアム・ビックレーに

よって提案されたものです．少し考えてみると，この方法を取った場合，他社の入札値を察知することに意味がないことがわかります．落札した場合に自分が受け取る金額は，他社の入札値によって決定されます．自分の入札値は自分が落札できるかできないかには影響しますが，落札した場合の支払額には影響しません．

おそらくこの方法は，一見，非常識に感じられるでしょう．顧客の立場からは，18 セントの入札があるにも関わらず 20 セントを支払うのは，納得できないように感じられると思います．しかしながら，実際にはこの方法を取った場合，電話会社にとっては利潤を上乗せしない，原価ぎりぎりの価格を提示するのが最適な戦略となります (それでも利潤は得られることが保証されます)．最初の方法と二番目の方法では，電話会社の提示する金額が異なってくるのです．

このような原価ぎりぎりの価格は，最初の方法をとる限り，決して電話会社からは引き出せない価格です．実際，後の章で示す収入同値定理により，第二価格秘密入札での顧客の支払う額の期待値は，いくつかの仮定のもとで第一価格秘密入札と同じとなることがビックレーにより証明されています [11]．

このように，複数の利己的な参加者が集団として意思決定を行う場合，例えばどの電話会社がサービスを提供するかを決定する場合に，不正行為の影響を受けない等のなんらかの望ましい性質を満たすルールを設計することは，メカニズムデザイン，制度設計と呼ばれ，経済学，ゲーム理論の一分野として活発な研究が行われています．

インターネットの利用により低コストで大規模なオークションが実行可能となった反面，不特定多数の人々が参加可能であることから，オークション方式 (プロトコル) の設計にあたってはさまざまな不正行為に対する頑健性，オークションの結果に関するなんらかの理論的な裏付けなどが重要となるものと考えられます．

本書では，このようなオークションの理論，また，その基礎となるゲーム理論に関して解説しています．本書の内容は，九州大学大学院システム情報科学府での修士課程の講義で用いたテキストをベースにしています．この講義は情報科学が専門の学生を対象としていますので，ゲーム理論に関する事前の知識は必要としていません．

また，私の専門は情報科学，人工知能といった分野であり，元々は経済学／ゲーム理論の専門家ではありません．私がこのような分野に興味を持ち，また，情報科学の学生にこのような内容の講義を行っている理由として，インターネット上での電子商取引などに代表される，情報科学とゲーム理論／経済学の接点での応用領域が急速に拡大していることがあります．このような応用領域に対応するためには，情報科学とゲーム理論／経済学の両方の分野の知識が必要であると考えています．

　歴史的に見ても，これらの分野は遠い関係にあったわけではありません．ゲーム理論の始まりは，1944年のジョン・フォン・ノイマンとオスカー・モルゲンシュテルンの出版した「ゲームの理論と経済行動」という本だと言われていますが，ご存じのように，フォン・ノイマンはコンピュータの父とも呼ばれており，これらの二つの分野は同じ人を元祖としていると言うこともできます (もちろん，フォン・ノイマンの活動領域は極めて広く，これらの二つの分野にとどまらず多くの功績を残しています)．

　本書では以下，オークション理論の基礎となっているゲーム理論について解説します (第2章)．次に，チェスや将棋などの繰り返しゲームにおける戦略の決定方法であるゲーム木探索について説明します (第3章)．また，オークションの基礎について解説を行い (第4章)．複数の商品が同時に販売される組合せオークション，売手と買手の双方が複数存在するダブルオークションなど，より複雑なオークションを紹介します (第5章)．

第2章
ゲーム理論の基礎

2.1 最も単純なゲーム：二人ゲーム

　本章ではゲーム理論の基礎について説明します．ゲーム理論とは，一言で言うと複数のプレイヤの意思決定を扱う理論であり，さまざまな状況での意思決定に用いることができます．より詳細には，複数の選択肢から一つを選ぶ必要があるが，自分の選択だけではなく他者 (偶然も含む) の選択が結果に影響する場合の意思決定に有用です．

　また，自分自身の意思決定に用いる以外に，自分の意思で行動する複数のプレイヤが存在する状況で，どのような結果が生じるかを予測するために用いることができます．さらに，本書で後述するオークション方式の設計のような，より良い社会的ルールの設計に使うこともできます．

　まず，ゲーム理論で用いられる基本的な用語の定義を示します．

プレイヤ： 意思決定を行う個々の主体．複数存在する．当面は二人のみとする．

行動： プレイヤの選択．当面はプレイヤは一回だけ，同時に行動を選択するとする．

利得： プレイヤの行動の組合せに対して定義される数値．結果に対する各プレイヤの効用（うれしさ）を示す．大きいほうがよりうれしいとする．

　これらの前提を置くと，ゲームは図 2.1 に示すような行列で記述できます．この行列のことを利得行列 (ペイオフマトリックス) と呼びます．各プレイヤは，横

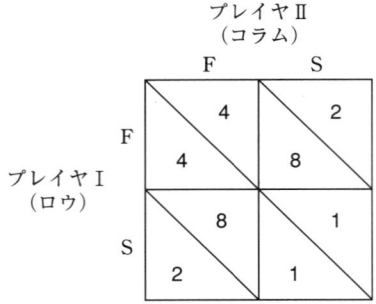

図 2.1 利得行列 (新聞社の競争)

図 2.2 新聞社の競争

の列 (ロウ) もしくは縦の列 (コラム) に対応し，各ロウ／コラムが行動を表します．行列中の各セルが行動の組合せを意味し，セル中に示された二つの値のうち，左下がロウ側の利得，右上がコラム側の利得を示します．

　この例は,「新聞社の競争」と呼ばれる例題を示しています (図 2.2)．二つのライバル新聞社が存在し，各新聞社の選択として，経済 (Finance) ニュースをトップにするか，スポーツ (Sports) ニュースをトップにするかのどちらかを選択する必要があると考えます．一方，80%の人は経済ニュースがトップなら新聞を買い，20%の人はスポーツニュースがトップなら新聞を買うと仮定します．ここで

は簡単のため，人が新聞を買うかどうかは，トップニュースの種類のみで決定されると仮定します．このため，どちらかが経済ニュース (F) を選び，もう片方がスポーツニュース (S) を選んだ場合，それぞれが 80%，20% の読者を得るので，効用はそれぞれ 8，2 と考えます．また，両方が F を選んだ場合は，80% の読者を分けあって，それぞれの効用は 4 とし，両方が S を選んだ場合は，20% の読者を分けあって，それぞれの効用は 1 とします．

2.2　ゲームの前提：合理的なプレイヤ

このゲームの結果を考える前に，いくつかの前提条件を導入します．ゲーム理論においては，**各プレイヤは合理的** (rational) であるという仮定が広く用いられています．具体的には，各プレイヤは自分の利得を最大化しようと最大限の努力をすると仮定します．その際に，プレイヤは他のプレイヤの利得には無関心であり，相手をあまりいじめては気の毒だとか，不公平なのがいやだとかは思わないということを仮定します．

合理的なプレイヤは「利己的 (selfish) なプレイヤ」と表現されることもあるのですが，これはちょっと誤解を招く表現です．プレイヤに同情とか思いやりとかの感情があるならば，そのような感情を考慮して利得行列中の利得を表現することができるので，他者のために尽くすことにより満足が得られる利他的なプレイヤであっても，合理的なプレイヤとして表現することが可能です．

人間に関しては，合理的なプレイヤと仮定することは無理がある場合も多いのですが，人間の代理をするソフトウェア（エージェントと呼びます）を考えた場合，これらのエージェントを合理的なプレイヤとみなすことは極めて自然なことです．本書で紹介するゲーム理論における前提およびその帰結は，人間の社会よりも，これらのエージェントによって構成される電子商取引等の場面でより正確に適用可能となることが期待されます．

また，プレイヤは，自分の選べる行動の集合，相手の選べる行動の集合，それらの組合せにおける自分／相手の利得（要は利得行列）を曖昧性なく知っているこ

とを仮定します．もちろん，相手がどの行動を選ぶかはわからないのですが，相手の選択肢および相手の利得に関しては曖昧性なく知っていると考えます．

さらにプレイヤは，お互いに相談することなく，同時に行動を選択することを仮定します．相手の行動を見てから自分の行動を選ぶという後出しはできず，また，俺はこれを選ぶから君はこうしてくれとか，これを選んでくれたら1万円あげるなどの相談や談合はできないものとします．

2.3　優位な手を探す：支配戦略均衡

さて，新聞社の競争で，自分がプレイヤ I だったらどうするかを考えてみましょう．もちろん，ベストな結果は自分が F，相手が S を選ぶことですが，相手もバカではなく，逆に合理的なプレイヤであり，非常に賢くて，自分の利益を最大化しようとしており，相手の行動をコントロールすることはできません．

このような場合の行動を選ぶ基準の一つとして，支配戦略 (dominant strategy) という考え方があります．戦略とは行動の選び方を意味し，支配戦略とは，相手がどの行動を選ぼうが，他の戦略よりも得られる効用が高い (か少なくとも同じ) 戦略を意味します．

この例では，プレイヤ II が F を選ぶと仮定すると，プレイヤ I にとっては F を選べば効用は 4 で，S を選べば効用は 2 であるため，プレイヤ II が F を選ぶという前提の元では，プレイヤ I は F を選んだ方が良いことになります．

一方，プレイヤ II が S を選ぶと仮定すると，プレイヤ I にとっては F を選べば効用は 8 で，S を選べば効用は 1 であるため，プレイヤ II が S を選ぶという前提の元では，プレイヤ I は F を選んだ方が良いことになります．

結局，プレイヤ II がどちらの行動を選んだとしても，プレイヤ I にとっては F を選んだ方が効用が大きくなっています．よってこのゲームでは，プレイヤ I にとって F が支配戦略となっています．

明らかに合理的なプレイヤであれば，支配戦略があればそれを選ぶと予想することができます．また，支配戦略を選ぶにあたっては，相手も合理的かどうかは

気にしなくても良いことになります．どんなに変わった非合理的な相手であっても，あるいは相手の利得が不明であっても，支配戦略を選ぶことを躊躇する必要はありません．

また，各プレイヤが支配戦略を持つとき，その組合せを支配戦略均衡と呼びます．合理的なプレイヤ同士が対戦した場合，もしゲームに支配戦略均衡があるなら，結果は支配戦略均衡になると予想することができます．

しかしながら，支配戦略は一般には存在するとは限りません．例えば，じゃんけんを考えてみましょう．相手がパーを出すなら自分はチョキを出した方が良いですが，相手がグーを出すなら自分はパーを出した方が良いため，明らかに支配戦略は存在しません．人間がプレイして面白いゲームには，通常は支配戦略は存在しない（もしくは存在するが知られていない）と言えるでしょう．

一方，本書で後述するオークション等のメカニズムデザイン（制度設計）では，支配戦略が存在するようにルールを設計することが課題となります．

2.4　相手の立場に立って考える：反復支配戦略均衡

次に，支配戦略均衡が存在しない場合でもゲームの結果が予測できる例として「ビスマルク海の戦い」，もしくは「ダンピールの悲劇」と呼ばれる状況を示します（図 2.3）．

1943 年の南太平洋において，今村将軍はビスマルク海を経由してニューギニアに日本軍を輸送しようとしています．選択肢として，距離の短い北ルートか，あるいは長い南ルートを選ぶことができます．一方，ケニー将軍は，今村将軍の選ぶルートを予測し，軍用機を送って爆撃したいと考えています．ここで予測を間違えると，爆撃可能な日数が短くなります．

具体的には，今村将軍が距離の短い北ルートを取り，ケニー将軍が北ルートを予測した場合，爆撃可能な日数は二日間となり，ケニーの効用は 2，今村の効用は -2（損害が 2）とします．また，今村将軍が距離の短い北ルートを取り，ケニー将軍が南ルートを予測した場合，爆撃可能な日数は一日だけとなり，ケニーの効

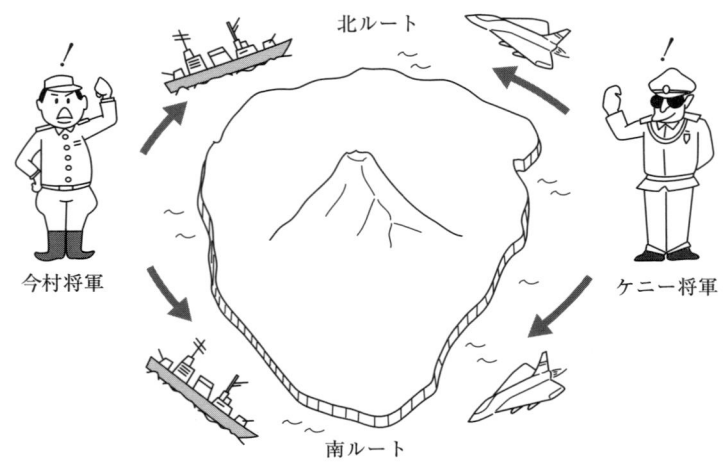

図2.3 ビスマルク海の戦い

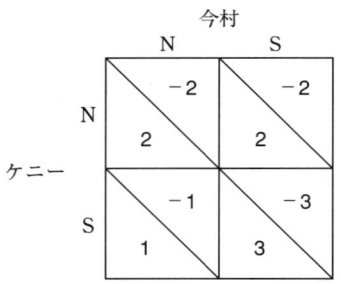

図2.4 利得行列 (ビスマルク海の戦い)

用は 1, 今村の効用は -1 となります. 一方, 今村が南ルートを取り, ケニーが北ルートを予測した場合, 予測は間違っているのですが, 南ルートの方が距離が長いため, 爆撃可能な日数は二日間となり, ケニーの効用は 2, 今村の効用は -2 となります. また, 今村が南ルートを取り, ケニーが南ルートを予測した場合, 爆撃可能な日数は三日間に及び, ケニーの効用は 3, 今村の効用は -3 となります.

このゲームは, 片方の損害が片方の利益に等しく, よって, 利得行列の各セルで, 両方のプレイヤの利得の合計を取るとゼロになるという, ゼロサムゲームと

呼ばれる特殊なゲームになっています．さて，ケニーの立場に立って考えると，ケニーにとって支配戦略は存在しないことは明らかです．今村が北を選ぶなら自分も北を選択した方がよいし，今村が南を選ぶなら自分も南を選択した方が良いことになります．このような状況で，ケニーはどちらを選択すべきでしょうか？

この場合，ケニーが今村の立場になって考えてみると，ケニーの取るべき行動が明らかになります．今村にとっては，北を選ぶのが(弱)支配戦略となっています[†]．このため，今村が合理的なプレイヤであれば，今村はきっと北を選ぶことが予想されます．一方，今村が北を選ぶならば，ケニーも北を選ぶべきでしょう．このように，他の戦略に支配される，すなわち，相手の行動に関わらず他の戦略よりも効用が少ない戦略を交互に取り除いていって，最後に残った戦略の組合せを**反復支配戦略均衡**と呼びます．注意すべき点として，支配戦略を選ぶ際には相手が合理的かどうかは気にしなくても良いのですが，反復支配戦略均衡となる戦略を選ぶ際には，相手が合理的でないと困るということがあります．今村が合理的なプレイヤでなく，例えばサイコロを振って行動を選んでいる場合，ケニーにとっては常に北を選ぶことが最適とは限りません．

反復支配戦略均衡を説明するもう一つの例として，「箱の中の豚」と呼ばれる例を紹介します（図2.5）．これは動物の心理実験で用いられたもので，以下のような状況を示しています．

大きい豚と小さい豚が箱に入っています．どちらかの豚が，少し離れたところにあるボタンを鼻で押すと，餌箱から餌が出てきます．小さい豚がボタンを押すと，大きい豚が餌をほとんど食べてしまうのですが，大きい豚がボタンを押すと，小さい豚も半分近く食べることができます．

この状況を利得行列で書いたものが図2.6です．餌によって得られるエネルギーの総量は10であり，ボタンを押すための労力は2とします．両方の豚がボタンを押しに行くと，大きい豚が7，小さい豚が3の割合で餌を得ますが，共に2の

[†] ケニーが北を選ぶ場合，今村にとっては北を選んでも南を選んでも効用は同じです．このように，他の戦略と効用が同じ場合を含む支配戦略を弱支配戦略と呼びます．

図 2.5 箱の中の豚

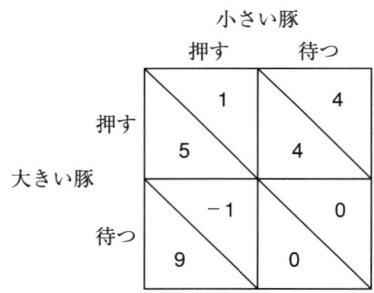

図 2.6 利得行列 (箱の中の豚)

労力を消費しているので，効用は餌によって得られるエネルギーと労力の差となり，それぞれ 5 と 1 とします．大きい豚が待っていて，小さい豚がボタンを押すと，大きい豚が 9，小さい豚が 1 の割合で餌を得ますが，小さい豚のみが労力 2 を消費し，小さい豚の効用は -1 となってしまいます．一方，大きい豚のみがボタンを押しに行くと，大きい豚が 6，小さい豚が 4 の割合で餌を得ますが，大きい豚のみが労力 2 を消費し，効用は共に 4 となります．どちらの豚もボタンを押さない場合の効用は共に 0 とします．

さて，この状況で豚たちはどういう行動を学習するでしょうか？ 大きい豚にとって支配戦略は存在しないのですが，小さい豚にとっては待つことが支配戦略となっています．このため大きい豚は，やむをえずボタンを押しに行くことになります．

この結果の面白い点として，本来は大きくて力の強い方の豚がボタンを押しに行かざるを得なくなることがあります．小さい豚は失うものがないので，このゲームでは逆に強い立場になっています．

2.5　負けない手を探す：ミニマックス戦略

次に，支配戦略均衡，反復支配戦略均衡のどちらも存在しない場合に，どのように行動を選択すれば良いかを考えましょう．**ミニマックス戦略**と呼ばれる方法は，なんとかして最悪の結果を避けるという考え方に基づく戦略です．具体的には，自分の選び得る各行動に関して，相手の行動によって生じ得る最悪の場合を想定し，その最悪の場合が自分にとって最も良い行動を選びます．この戦略は，最悪／最小の場合を最大化するという意味でミニマックス戦略と呼ばれています．

図 2.7 の例で考えてみましょう．ゼロサムゲームなので，図ではプレイヤ I の利得のみを表示しています．この状況で，プレイヤ I はどの行動を選ぶべきでしょうか？ ミニマックス戦略を用いた場合の考え方は以下の通りです．

		プレイヤ II			
		a	b	c	d
	a	7	2	5	1
プレイヤ I	b	2	2	3	4
	c	5	3	4	4
	d	5	2	1	6

図 2.7　ゼロサムゲームの例

> 　行動 a を選んだ場合，運良くプレイヤ II が行動 a を選んでくれれば利得 7 が得られますが，運が悪く，プレイヤ II が行動 d を選んでいれば利得 1 しか得られません．同様に，行動 b を選んだ場合の最悪の利得は 2，行動 c を選んだ場合の最悪の利得は 3，行動 d を選んだ場合の最悪の利得は 1 となります．よってプレイヤ I は，行動 c を選ぶことにより，最悪の場合の利得 (ミニ) を最大化する (マックスにする) ことができます．

　この考え方は一見消極的なようですが，ゼロサムゲームでプレイヤ II が自分の利得を最大化，すなわちプレイヤ I の利得を最小化しようとしているという状況では，それなりに妥当なものだと言えるでしょう．プレイヤ II が仮にプレイヤ I の行動を事前に察知することができるとしても，プレイヤ I がミニマックス戦略に従って行動を選べば，最悪の場合の利得 3 を保証することができます．

　一方，プレイヤ II も同様にミニマックス戦略を用いていた場合にはどうなるでしょうか？プレイヤ II は，プレイヤ I に与える利得を最小化しようとしています．プレイヤ II が行動 a を選んだ場合，運良くプレイヤ I が行動 b を選んでくれればプレイヤ I の利得を 2 に押さえることができますが，運が悪くプレイヤ I が行動 a を選んでしまうと，プレイヤ I の利得は 7 になってしまいます．同様に，行動 b を選んだ場合のプレイヤ II にとっての最悪の (プレイヤ I にとって最良の) 利得は 3，行動 c を選んだ場合の最悪の利得は 5，行動 d を選んだ場合の最悪の利得は 6 となります．よって，プレイヤ II は行動 b を選ぶことにより，プレイヤ II にとって最悪の場合のプレイヤ I の利得を 3 以下にすることができます．

　これらの結果をまとめると，両方のプレイヤがミニマックス戦略を用いた場合，プレイヤ I は c を，プレイヤ II は b を選択することとなり，プレイヤ I の利得は 3，プレイヤ II の利得は -3 となります (図 2.8)．

　図 2.8 における二つの行動の交点は，横の列 (ロウ) の中では極小の点となり，縦の列 (コラム) の中では極大の点となっています．これは，プレイヤ I は，自分の選んだ行動に対してプレイヤ II が最悪/最小の結果を与えるような行動を選択

2.5 負けない手を探す：ミニマックス戦略

	プレイヤⅡ			
	a	b	c	d
a	7	2	5	1
b	2	2	3	4
c	5	3	4	4
d	5	2	1	6

図2.8 ゼロサムゲームでの鞍点

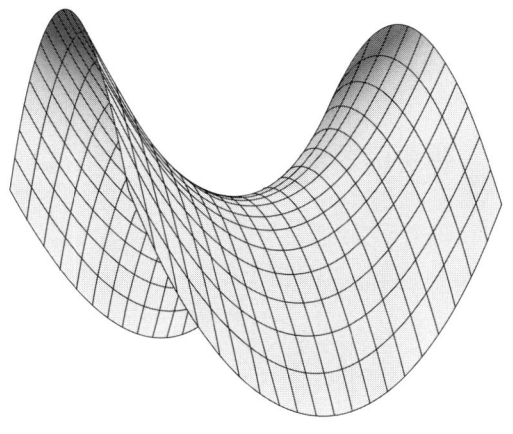

図2.9 鞍点

することを予期しており，逆にプレイヤⅡは，自分の選んだ行動に対してプレイヤⅠが最悪／最大の結果を与えるような行動を選択することを予期していたことに対応しています．

図2.9に示す図は，馬の鞍，あるいは峠のような形をしています．峠は，峠道を歩いている人にとっては標高が最大の点ですが，尾根を伝って歩く人にとっては標高が最小の点となります (図2.10)．このような点のことを**鞍点**と呼びます．

図 2.10 峠道と尾根

ゼロサムゲームで鞍点があれば，合理的なプレイヤ同士が対戦する場合，結果は鞍点になると予想できます．

2.6　相手に読まれないためには：混合戦略

一方，鞍点は必ず存在するとは限りません．以下，鞍点が存在しない例を示しましょう．例題として，サッカーのペナルティキックを考えましょう (図 2.11)．

図 2.11 サッカーのペナルティキック

2.6 相手に読まれないためには：混合戦略

> キーパーは，どちらかというと自分の左側の方が得意で，左側にペナルティキックが来ると山を張っておいて，実際に左にキックが来ると8割の確率で止められるとします．一方，左側に山を張って，実際にはキックが右に来てしまうと，右側は苦手なので，まったく止めることはできないと仮定します．また，右側に山を張って，実際に右側にキックが来ると，3割の確率で止められるとします．一方，右側に山を張って，実際には左側にキックが来ると，それでも左は得意なので，1割の確率で止められるとします．

上記の状況を利得行列で示したのが図2.12です．ゼロサムゲームなので，利得行列の値はキーパーの立場で記述しています．

さて，この状況でミニマックス戦略を用いると，どのような行動が選択されるでしょうか？ やや弱気なキーパーは以下のように考えます："全然止められないのは困るから，苦手な右側に山を張ることにしよう．そうすれば左に来ても1割は止められる！"．また，やや弱気なキッカーは以下のように考えます："あいつが得意な左側に蹴って，もしあいつが左に山を張っていたら8割も止められてしまう．これは困るから右に蹴ろう．あいつが右に山を張っていたとしても，止められる確率は高々3割で押さえられる！"．

この結果，キーパーは右に山をはり，キッカーは実際に右に蹴り，その結果3割は止められることになります．さて，この結果は妥当なものと考えられるでしょ

	キッカー	
	左	右
キーパー　左	0.8	0
キーパー　右	0.1	0.3

図2.12 鞍点が存在しない利得行列の例 (サッカーのペナルティキック)

うか？キッカーの立場から見ると，この結果はややばかげているように思えます．相手が露骨に右に山を張っているのがわかっているのに，素直に右に蹴る必要はないでしょう．左に蹴っておけば1割しか止められることはないのです．

このことは，キーパーが右に山を張ってキッカーが右に蹴るという点が鞍点ではないことを意味しています．この点は，縦の列（コラム）の中では極大の点ですので，利得行列の値を最大化したい横の列（ロウ）側のプレイヤ，すなわちキーパーの側には戦略を変更しようとする誘因はありません．一方，この点は横の列（ロウ）の中では極小の点となっていません．よって，利得行列の値を最小化したい縦の列（コラム）側のプレイヤ，すなわちキッカーの側からは戦略を変更しようとする誘因が存在します．

一方，キッカーが左に蹴る可能性があることがわかったら，キーパーも正直に右にだけ山を張る必要はありません．本来左は得意なので，左に山を張れば8割は止められるのです．

現実的な可能性としては，おそらくキッカーは右と左のどちらかを固定的に選択するのではなく，適当に左に蹴る場合と右に蹴る場合を混ぜるでしょう．また，キーパーもどちらに山を張るかを場合によって変化させるでしょう．このような，確率的に行動を選択する戦略を**混合戦略**と呼びます．一方，常に同じ行動を選ぶ戦略を**純粋戦略**と呼びます．

さて，キッカーとキーパーのそれぞれが混合戦略を用いる場合，ゲームの結果

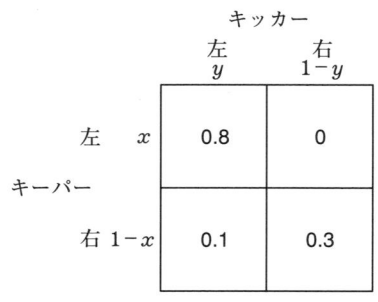

図2.13 混合戦略での期待利得

はどうなるでしょうか？キッカーが右に蹴ることが多いと思えば，キーパーは右に山を張る確率を増やすことにより，止める可能性を増やすことができます．一方，キーパーが右に山を張ることが多いと思えば，キッカーは左に蹴る確率を増やすでしょう．この結果は，どのような状況に落ち着くでしょうか？

さて，図 2.13 のように，キーパーが左に山を張る確率を x（よって右に山を張る確率を $1-x$）とし，キッカーが左に蹴る確率を y（よって右に蹴る確率を $1-y$）とすると，キーパーの期待利得は次の式で表現できます．

$$xy \times 0.8 + x(1-y) \times 0 + (1-x)y \times 0.1 + (1-x)(1-y) \times 0.3$$
$$= xy - 0.3x - 0.2y + 0.3$$
$$= x(y - 0.3) - 0.2y + 0.3 \tag{2.1}$$
$$= y(x - 0.2) - 0.3x + 0.3 \tag{2.2}$$

式 (2.1) を見ると，$y - 0.3 = 0$，すなわちキッカーが左に 3 割の確率でキックをする場合，キーパーがどんな割合で山を張っても，止められる確率は $-0.2y + 0.3 = 0.24$ となります．一方，式 (2.2) を見ると，$x - 0.2 = 0$，すなわちキーパーが左に 2 割の確率で山を張る場合，キッカーがどんな割合でキックを蹴っても，止められる確率は $-0.3x + 0.3 = 0.24$ となります．

この混合戦略の組合せ，すなわちキーパーは左に 2 割の確率で山を張り，キッカーが左に 3 割の確率で蹴ることは，一種の鞍点となっており，相手がこの混合戦略を用いる限り，自分の戦略を変えても期待利得は向上しません．

プレイヤが非常に賢くて利得行列を熟知しており，相手の行動を合理的に予測することができれば，この鞍点を発見してこの混合戦略をプレイすることは可能かもしれませんが，実際のプレイヤがこの鞍点にたどり着けるかどうかは難しい問題であり，実験経済学といった分野で人間を用いた被験者実験等が行われています[†]．

[†] ただ一つの混合戦略均衡をもつ対称なゲームなら，100 回程度の試行で平均的には鞍点となる混合戦略に到達できるといった報告もなされています．

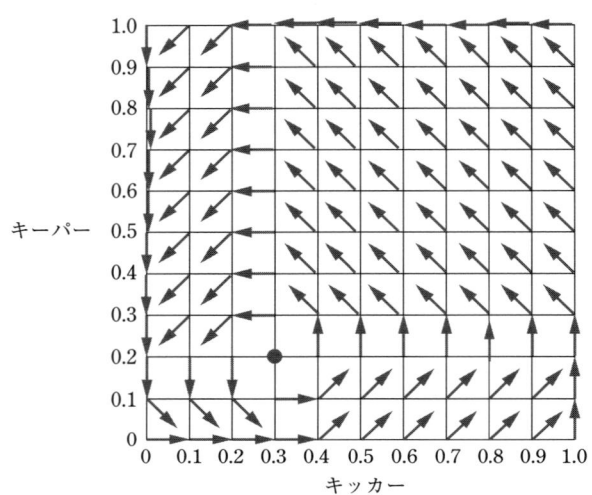

図2.14 戦略の適応的調整結果

　キッカーとキーパーの，ある混合戦略の組合せは，x-y 平面上の一点で表すことができます．ある時点で両方のプレイヤがある混合戦略の組合せを用いているとして (x-y 平面上の一点にいるとして)，次の時点でそれぞれのプレイヤが，相手の混合戦略に対して自分の利得が増加する方向に，わずかに自分の混合戦略を調整する (したがって x-y 平面上の近傍の点に移動する) としましょう．このような調整の結果，これらのプレイヤは鞍点に到達するでしょうか？

　図 2.14 は，x-y 平面上のある点から移動する方向を矢印で示したものです．図に示されているように，$(0.3, 0.2)$ の鞍点は安定で，現在の混合戦略の組合せがこの点であれば，プレイヤはお互いに戦略を変更して他の点に移動しようとはしません．

　一方，現在の混合戦略の組合せが鞍点以外の点である場合，プレイヤが適応的に戦略を変更したとしても，鞍点にたどり着くことはなく，図 2.15 に示す鞍点のまわりを循環するループにトラップされてしまいます．実際の人間の行動においても，お互いに行動を調整しながら，同じような状況を巡回していることはよく生じているように思えます．

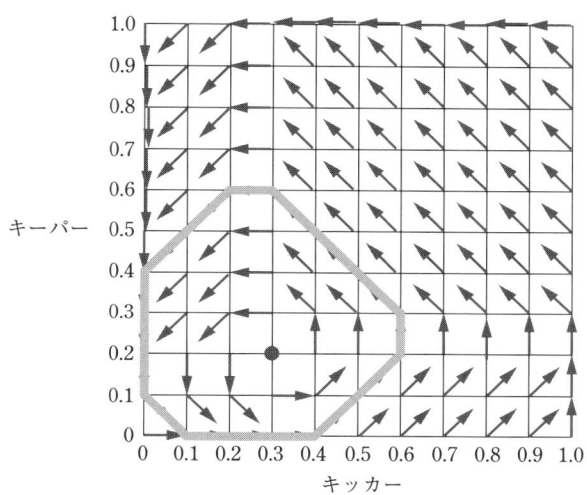

図 2.15 鞍点の回りを循環するループ

2.7　社会的に望ましい結果は？：パレート効率性

　さて，二人ゲームにおいて支配戦略均衡が存在する場合には，合理的なプレイヤ同士の対戦では結果は支配戦略均衡となることが予想され，そのことには一見何の問題もないように思えます．しかしながら，実際には支配戦略均衡の結果が，社会的にも個々のプレイヤにとっても望ましくないものとなる状況があります．これから示す囚人のジレンマと呼ばれる例題は，このような状況を端的に示しています．

　囚人のジレンマの説明をする前に，社会的に望ましい状況とは何かについて，もう少し考えてみましょう．まず，二つの状態 x と x' を比較して，すべてのプレイヤが x の方が x' よりも望ましいか同じだと思っており，そのうち，少なくとも一人が x の方が x' よりも厳密に良いと思っている場合，状態 x は状態 x' を**パレート支配**すると呼びます．すなわち，x' でなく x を選ぶことに積極的に反対するプレイヤは一人もおらず，少なくとも一人は x の方を積極的に支持します．このような場合には，社会全体の選択として，x' でなく x を選ぶことには誰も異存

はないでしょう．さらに，他のどのような状態にもパレート支配されない状態のことを**パレート効率的な状態**と呼びます．ある状態 x' がパレート効率的でない場合には，全員が x' よりも良い (あるいは同じ) と思っている別の状態 x が存在することになります．一方，ある状態 x がパレート効率的である場合には，いずれかのプレイヤの効用を犠牲にすることなしには，他のプレイヤの効用を向上することはできません．

例えば，1,000円を二人のプレイヤで分けることを考えましょう．ここで，1,000円の一部あるいは全部を捨てても構わないとします．可能な状態を，(プレイヤIの得る金額，プレイヤIIの得る金額) という組合せで記述すると，プレイヤIIが全部取る $(0, 1,000)$，半分ずつ分ける $(500, 500)$，プレイヤIIが全部取る $(1,000, 0)$ のいずれもパレート効率的であり，どの状態が望ましいかに関しては，パレート効率的という概念からは判断をすることができません．一方，500円捨てて残りを250円ずつ分けるという $(250, 250)$ を選ぶぐらいなら，$(500, 500)$ の方が良いということは，二人で文句無しに合意可能です．

そもそも，異なるプレイヤの効用が本当に比較可能なのか，例えば金銭等の共通の尺度が存在するかに関しては議論のあるところですが，パレート効率性の定義は，異なるプレイヤ間の効用が比較できない場合でも適用可能であり，パレート効率性は，社会的な望ましい状態に関する最低限の要求条件と考えることができます．

本章の最初で示したように，我々は合理的なプレイヤという仮定を置いています．合理的なプレイヤは，全知全能を尽くして自分の効用を最大化しようとします．ゲームがゼロサムゲームであれば，二人のプレイヤの幸せは相反しているため，どの行動の組合せであっても結果はパレート効率的です．一方，ゼロサムゲームでないならば，二人のプレイヤの幸せはそれなりに両立可能であるはずです．無知で能力の足りないプレイヤが集まっているなら，二人ともが不幸になるような行動の選択を行ってしまうかもしれません．一方，合理的なプレイヤ同士の対戦なら，二人の力関係によって，どちらがより多く得るかはわからないですが，結果は少なくともパレート効率的になることを期待しても良いでしょう．賢いプレ

イヤが，みすみす利得を捨てるということは考え難いです．

しかしながら，囚人のジレンマという例題は，賢いプレイヤの合理的な選択の結果，パレート効率的な状況に達成できない状況を示しています．

2.8　裏切りは必然？：囚人のジレンマ

囚人のジレンマという問題は，具体的には以下のような状況を対象としています (図 2.16)．

> 警察が二人の容疑者を捕らえています．二人とも黙秘して自白しなければ釈放されます．この場合，それぞれの利得は 3 とします．一人が自白し，もう一人が自白しなければ，自白したほうは報奨金を与えられ釈放され，もう一人は厳しい刑を受けます．報奨金を受けた方の利得は 4，厳しい刑を受けた場合の利得は 1 とします．また，両方とも自白した場合は通常の刑を受けます．この通常の刑を受けた場合の利得は 2 とします．図 2.17 に囚人のジレンマの利得

図 2.16　囚人のジレンマ

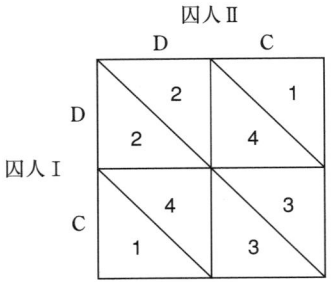

図2.17 利得行列 (囚人のジレンマ)

行列を示します．相手を裏切って自白することを Deceive (D)，相手と協力して自白しないことを Cooperate (C) で表します．

さて，囚人 I の立場でこのゲームを考えましょう．囚人 II が自白する (D を選ぶ) と仮定すると，自分が自白すれば (D を選べば) 通常の刑を受けて，利得は2 です．一方，自分が黙秘する (C を選ぶ) と，厳しい刑を受けて効用は 1 です．よって，囚人 II が自白する場合には，自分も自白した方が効用が大きいことになります．

一方，囚人 II が黙秘する (C を選ぶ) と仮定すると，自分が自白すれば (D を選べば) 報奨金をもらえて釈放され，利得は 4 です．一方，自分も黙秘する (C を選ぶ) と，釈放されるだけで利得は 3 です．よって，囚人 II が黙秘する場合は，自分としては自白した方が良いことになります．結局，囚人 I にとっては自白する (D を選ぶ) ことが支配戦略となっています．

囚人 II の立場でも同じことが言えるため，共に自白して通常の刑を受ける，すなわち (2, 2) の利得を得ることが支配戦略均衡になってしまいます．ところが，この例では，共に黙秘すれば利得は (3, 3) であり，これは支配戦略均衡の (2, 2) をパレート支配しています．二人のプレイヤは共に合理的な選択をしているのにも関わらず，パレート効率的な状態にたどり着けないのです．

囚人のジレンマのような状況は，現実にもよく生じていると言われています．

例えば，渋滞緩和のためにマイカーの使用を自粛しましょうという運動があったりしますが，なかなかうまくいかないことが多いようです．この理由として，全員がマイカーを使うと渋滞が生じて全員が不幸ですが，他の人がマイカーの使用を自粛してくれて自分だけがマイカーを使うと，渋滞もなくて効用が最大になるという，囚人のジレンマと同様な構造になっているためだと考えられます．

一方，これは一度限りのゲームで後腐れがないから，共に相手を裏切ってしまうのはしょうがないけれど，ゲームが何回か繰り返される場合には協力行動（共に黙秘する）が生じるのではないかということが考えられます．例えば，3回同じ相手とこのゲームをプレイするとした場合，ゲームの結果はどうなるでしょうか？この場合の反復支配戦略均衡を考えてみましょう．そのためにはまず，最後の回のゲームを考えます．相手が合理的なら最後の1回は絶対裏切ります．それならば，2回目のゲームで協力して恩を売っても無駄なので，よって2回目も二人とも裏切ることになってしまいます．同様に考えると，初回も裏切るしかないことになります．合理的なプレイヤ同士なら，3回とも裏切るのが反復支配戦略均衡となります．繰り返しの回数が4回だとすると，最後から3回目（最初から2回目）までは前と同じ議論が成り立つため，初回も裏切るしかないことになります．繰り返しが100回でも1,000回でも同じ結論が導けるため，有限の繰り返しなら裏切りしか出てこないことになります．ただし，この議論で注意すべき点として，共に裏切るのは反復支配戦略均衡であるため，相手が合理的であることを仮定していることがあります．合理的でない相手に対しては，当然，裏切らない方が良い場合もあります．

囚人のジレンマに関しては，ミシガン大学のロバート・アクセルロッドという政治学者が1980年に主催したトーナメントが良く知られています．このトーナメントでは，コンピュータのプログラム同士が繰り返し囚人のジレンマをプレイして，合計得点を競いました．この場合は，相手が合理的であるとは限らないために，常に裏切るプログラムが勝つとは限りません．自分のプレイは相手に観察されており，裏切るやつだと思われると，相手に裏切られることになりますし，また，協力しか選ばないお人よしだと思われると，やはり裏切られることになるか

もしれません．このため，どのような戦略を選べば良いかは自明ではありません．トーナメントにはさまざまな複雑な戦略をプレイするプログラムが参加したのですが，結果は意外なことに，勝利を収めたのは"しっぺ返し"と呼ばれる戦略をプレイする，最も単純なプログラムでした．このプログラムは，最初の一回は協力し，それ以降は，前回に相手がプレイした行動を単純にまねするだけです．このため，前回裏切った相手には裏切りで，協力した相手には協力で返答することになります．特に，裏切り続ける相手にはずっと裏切り返しますが，協力する相手にはずっと協力します．前回の手を覚えているだけなので執念深くはなく，ずっと裏切った相手であっても，一回協力してくれれば，その次には相手に協力することになります．

さて，このトーナメントは第二回も開催され，しっぺ返しを打ち破るためのさまざまなプログラムが参加しました．しかし，さらに驚くべきことには，しっぺ返しが続けて勝利するという結果になりました．確かに新しいプログラムはしっぺ返しとの対戦では相対的に勝利しました（しっぺ返しよりも得点が多かった）．一方，新しいプログラム同士の対戦では双方が悲惨な結果に終わってしまったために，合計得点ではしっぺ返しの勝利となってしまいました．しっぺ返しは誰にも大きくは勝たないが，誰に対しても悲惨な結果となることはなかったのです．結局，トーナメントで勝つためには，今現在の対戦相手より大きな得点を得ることが必要なのではなく，最終的な合計得点を大きくすることが必要なので，相手から協力を引き出せる，しっぺ返しのような戦略が有効となったわけです．

2.9 ゲームが繰り返される場合：バックワードインダクション

囚人のジレンマが繰り返される場合に，反復支配戦略均衡を求めるのに用いた最後のゲームから考えていくという手法は，バックワードインダクションと呼ばれます．バックワードインダクションの適用の例として，以下の問題を考えましょう．問題設定は以下の通りです．

2.9 ゲームが繰り返される場合：バックワードインダクション

図 2.18 宝石の分配

- A，B，C，D，E の 5 人の海賊が，100 個の宝石を分配しようとしている (図 2.18)．

- A から順に，分配方法 (誰がいくつ取るか) を提案する．

- 提案された分配方法に対して，提案者も含めて多数決を取る (同数の場合は否決とみなす)．

- 可決の場合は提案方法を採用して終了．否決の場合は，提案者を皆で殺して，次の順番の海賊が提案を行う．

また，海賊たちの効用に関して以下の仮定をおきます．海賊は，当然，自分は死にたくないと考えており，まったく宝石がもらえなくても死ぬよりはましだと思っています (自分が死んだ場合の効用は $-\infty$)．また，よりたくさんの宝石がもらえる方が，他者の生死に関わらず，よりうれしいと思っています (もらえる宝石が一つ増えると効用は 1 増加)．また，ひどい話ですが，もらえる宝石の数が同じなら，大勢殺した方がよりうれしいと思うと仮定します (一人殺すと効用は微少額の ϵ だけ増加)．ここで，海賊 A は何を提案したら生き延びて，より多くの

宝石を手に入れられるでしょうか？バックワードインダクションを用いるので，最後の状況，すなわち，A，B，C がすでに殺され，D が提案する場合を考えましょう．

明らかに，E は D のどんな提案も反対し，D の提案は否決されます．この結果，D は殺されて，E が 100 個手に入れ，海賊たちの効用は以下の通りとなります．

$$(A: -\infty, B: -\infty, C: -\infty, D: -\infty, E: 100 + 4\epsilon)$$

次に，A，B が殺され，C が提案を行う場合を考えます．明らかに，E は C のどんな提案も反対します (提案の順番が D に回れば自分の効用は最大となるため)．一方，D は C のどんな提案でも受け入れます (自分の番になれば死ぬのは確実)．このため，C が提案する "俺が全部取る" は，C，D の賛成で可決され，海賊たちの効用は以下の通りとなります．

$$(A: -\infty, B: -\infty, C: 100 + 2\epsilon, D: 0 + 2\epsilon, E: 0 + 2\epsilon)$$

さらに，A が殺され，B が提案を行う場合を考えましょう．明らかに，C は B のどんな提案も反対します．一方，D，E は一個もらえれば満足します (C の番になれば何ももらえないため)．よって，B の提案する，"俺が 98，D，E は一個ずつ" は，B，D，E の賛成で可決され，海賊たちの効用は以下の通りとなります．

$$(A: -\infty, B: 98 + \epsilon, C: 0 + \epsilon, D: 1 + \epsilon, E: 1 + \epsilon)$$

最後に A が提案を行う場合を考えましょう．B に順番が回った場合の海賊たちの効用は $(A: -\infty, B: 98 + \epsilon, C: 0 + \epsilon, D: 1 + \epsilon, E: 1 + \epsilon)$ でした．自分以外の二人の賛成が得られれば良いので，例えば，"俺が 97，C は 1，D (または E) は 2" を提案すれば，可決された場合の利益は，$(A: 97, B: 0, C: 1, D: 2, E: 0)$ であるため，この提案は A，C，D の賛成多数で可決され，A は 97 個の宝石を得ることができます．

ただし，この反復支配戦略均衡が適用可能であるためには，これらの海賊たちが合理的である必要があります．合理的であるとは限らない実際の海賊に対して，自分が 97 個取るという提案をするのはかなりのリスクがあると思われます．

この結果は，A以外の海賊にとっては納得がいかないものかもしれません．A以外が共謀すればもう少し利益を増やすことが可能でしょうか？まず，Cが提案する時点で，D, Eが共謀して反対することが可能かどうかを考えてみましょう．EがDに対して次のようにもちかけたとしましょう．"一緒にCの，全部Cが取るという提案に反対しようぜ．次にお前が山分けするという提案をすれば，俺は賛成するから!"．残念ながら，Dの立場ではEを信じることは難しいです．Dの提案の時点で，EがDを裏切ればEが一人占めできます．このため，D, Eが共謀して反対することはできません．同様に，Bの提案にC, D, E中の少なくとも二人が共謀して反対することはないことが言えます．よって，Bに回った場合の結果は安定で，同様に，Aの提案にB, C, D, E中の少なくとも三人が共謀して反対することはないことが示せます．人質を取るとかのなんらかの強制力がないと，安定した共謀を成立させることはできません．

2.10 どちらも優位な手がない場合：ナッシュ均衡

これまで，合理的なエージェントが対戦した場合のゲームの結果を予測する方法として，支配戦略均衡，および反復支配戦略均衡を紹介してきました．では，これらの均衡が存在しない場合にはどう考えれば良いでしょうか？

ナッシュ均衡は支配戦略均衡の条件を弱めた均衡概念です．戦略の組 (s, t) が，互いに相手の行動に対する最適な反応となっているときに，この戦略の組をナッシュ均衡であると言います．例えば，図2.19は前に示したゼロサムゲームの利得行列ですが，プレイヤIとプレイヤIIの戦略の組 (c, b) はナッシュ均衡になっています．プレイヤIIがbを選ぶなら，プレイヤIにとって効用を最大化するのはcを選ぶことなので，cが最適な反応であり，また，プレイヤIがcを選ぶなら，プレイヤIIにとって効用を最大化する（プレイヤIの効用を最小化する）のはbを選ぶことなので，bが最適な反応です．

定義より，支配戦略均衡なら必ずナッシュ均衡となりますが，逆は成立しません．この例では，プレイヤIにとってcを選ぶことは支配戦略ではなく，プレイ

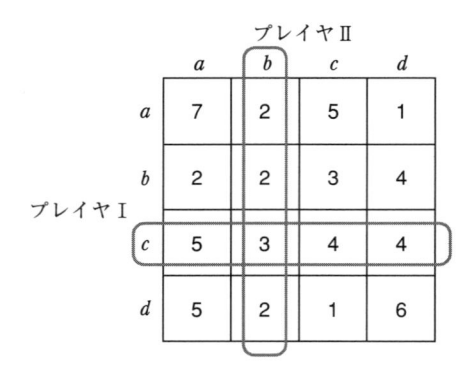

	プレイヤⅡ			
	a	b	c	d
a	7	2	5	1
b	2	2	3	4
c	5	3	4	4
d	5	2	1	6

図2.19 ゼロサムゲームでのナッシュ均衡

ヤⅡの戦略がbから変化すれば最適反応も変化します．この例で示すように，ゼロサムゲームの鞍点はナッシュ均衡となっています．

　ナッシュ均衡が唯一なら，合理的プレイヤ同士が対戦する場合の結果は，多分ナッシュ均衡に落ち着くと考えられます．この理由は，ナッシュ均衡以外の状態は，ある意味で不安定な状態であり，どちらかのプレイヤに戦略を変えようという誘因があるためです．

　一方，ナッシュ均衡は複数存在することもあります．以下に例を示しましょう．図 2.20 に示す例は，**弱虫（チキン）ゲーム**と呼ばれる例題です．二人が崖に向かってそれぞれ車を走らせており，先にブレーキを踏んだ方が弱虫で負けという

図2.20 弱虫ゲーム

2.10 どちらも優位な手がない場合：ナッシュ均衡

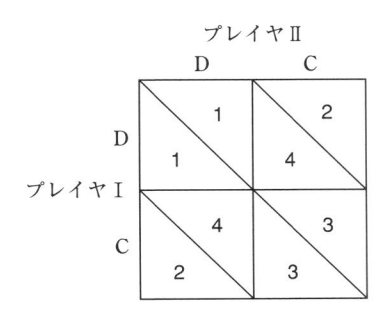

	プレイヤⅡ	
	D	C
プレイヤⅠ D	1 / 1	2 / 4
プレイヤⅠ C	4 / 2	3 / 3

図2.21 利得行列 (弱虫ゲーム)

ゲームを考えます．図 2.21 に示す利得行列で，D は絶対に相手よりも先にブレーキを踏まないという行動，C は適当なところでブレーキを踏むという行動に対応します．二人とも D を選んでしまうと崖から落ちて死んでしまうので利得は 1，片方が D で，片方が C なら，勝った方の利得は 4 で，負けて弱虫と呼ばれる方は，それでも死ぬよりは良いので利得は 2，両方が適当なところでブレーキを踏むと，そこそこ面目は立って利得は 3 であると考えます．このゲームでは，(D, C)，(C, D) の二つのナッシュ均衡が存在し，どちらに落ち着くかはわかりません．

このような複数のナッシュ均衡が存在する場合，安定な状態が二つあり，どちらに転ぶかはわからないのですが，ちょっとしたきっかけで結果がどちらかに決まってしまうことがあります．例えば，何の強制力も持たない第三者，例えばマスコミや知人等が特に根拠なく，なんらかの予想，例えば「きっと結果は (C, D) となる」と発表したとします．この場合，各プレイヤは，自分の行動に関してはこの予想は根拠がないことはわかるものの，相手の行動に関しては情報がないため，相手の行動に関してこの予想を信じてしまい，例えば，プレイヤⅠはプレイヤⅡが D を選ぶと思ったとします．そうすると，プレイヤⅠは C を選ばざるを得なくなります．プレイヤⅡも同様に考えるとすると，本来は根拠のない予想が的中してしまいます．似たような状況として，みんなが値上がりする，あるいは暴落すると信じている株が，実際には根拠はなくても買い／売りが集中して，本当に値上がりする／暴落するといった状況が考えられます．

ナッシュ均衡に関しては，任意のゲームは混合戦略を許せば，少なくとも一つのナッシュ均衡を持つという**ナッシュの定理**が知られています．例えば，じゃんけんでは確率 1/3 でランダムに手を選ぶのがナッシュ均衡となっています．

　ちなみに，ナッシュ均衡という概念の提案者であるジョン・ナッシュの伝記的な映画が「ビューティフル・マインド」です．この映画は 2002 年のアカデミー賞を受賞していますので，ご覧になった方も多いと思います．ナッシュ均衡の概念は，映画の中でジョン・ナッシュが苦労して書いていた学位論文に記述されています．

　混合戦略も含めてナッシュ均衡が複数存在する場合もあり，前述の弱虫ゲームでは，共に確率 0.5 で C と D を選ぶのは，混合戦略におけるナッシュ均衡になっています．ただし，人間のプレイヤが本当にナッシュ均衡にたどり着けるかは難しい問題で，前述のサッカーのペナルティキックの例のように，適応的に戦略を変えていった場合には，ナッシュ均衡／鞍点の回りを循環する可能性もあります．

　混合戦略におけるナッシュ均衡を求める演習として，以下の例題を考えましょう．子供がよくする遊びですが，階段の下からスタートし，じゃんけんをし，グーで勝てば"グリコ"で階段を三段登り，チョキで勝てば，"チョコレート"で階段を六段登り，パーで勝てば，"パイナップル"で階段を六段登り，先に階段の上に着いた方が勝ちというゲームを考えましょう (図 2.22)．

　このゲームの利得関数を単純化して考えると，チョキもしくはパーで勝った場合の利得は，グーで勝った場合の利得の倍であるような，ゼロサムゲームであると考えることができます (図 2.23)．

　さて，このゲームにおけるナッシュ均衡はどうなるでしょうか？ 明らかに，ナッシュ均衡となるのは混合戦略です．私の子供が小さいときに，よく一緒にこのゲームをしたのですが，グーで勝ってもつまらないことがわかってくると，だんだんグーを出す頻度が減ってきます．その場合，残るチョキとパーでは，チョキを出せばパーに勝てるので，チョキを出す頻度が増えてきます．しかしながら，相手がチョキを多く出すことがわかると，それなりにグーを出さないと勝てないことになり，また確率が変化して行きます．

2.10 どちらも優位な手がない場合：ナッシュ均衡

図2.22 階段じゃんけん

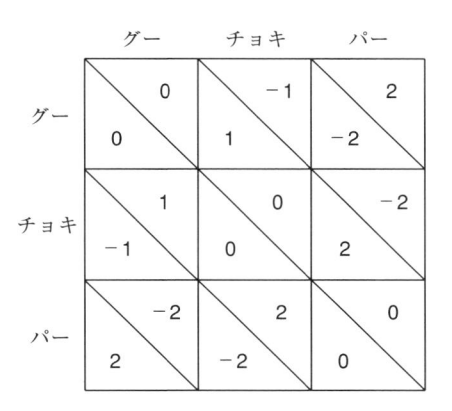

	グー	チョキ	パー
グー	0 / 0	−1 / 1	2 / −2
チョキ	1 / −1	0 / 0	−2 / 2
パー	−2 / 2	2 / −2	0 / 0

図2.23 利得行列 (階段じゃんけん)

　ナッシュ均衡は，グー，チョキ，パーを出す確率を変数とおいて，期待利得をこれらの変数で表して連立方程式を解けば求めることができますが，もう少し簡単に求めることもできます．このゲームは対称なゼロサムゲームなので，均衡での期待利得は0になるはずです．このため，任意の相手の戦略，例えば常にグーを出すとか，常にチョキを出す等の戦略に対しても期待利得が0となる混合戦略を求めれば，それがナッシュ均衡の戦略となります．グーを出す確率を x，チョ

キを出す確率を y，パーを出す確率を $1-x-y$ として，相手が常にグー，常にチョキ，常にパーの場合に期待利得が 0 であることから，以下の連立方程式が得られます．

常にグーを出す相手に対する利得: $-y + 2(1-x-y) = 2 - 2x - 3y = 0$
常にチョキを出す相手に対する利得: $x - 2(1-x-y) = -2 + 3x + 2y = 0$
常にパーを出す相手に対する利得: $-2x + 2y = 0$

この連立方程式を解くと，$x = y$, $5x = 2$ より，$x = y = 2/5$ となります．すなわち，グーとチョキの確率は同じで 2/5，パーの確率 1/5 でプレイすることがナッシュ均衡となっています．さて，この結果を見ると，チョキが多いのは自然ですが，利得の多いパーでなく，グーを多くしなければならないので，やや意外な感じがします．しかしながら，多くプレイされるチョキに対抗するには，それなりの回数でグーをプレイする必要があるわけです．

注意すべき点として，この戦略は，相手がどんな戦略を取ろうと期待利得は 0 なので，大きく負けはしないが勝ちもしないという，やや消極的な戦略であることです．このゲームで勝つためには，とりあえずこの戦略をプレイして相手の戦略を分析し，相手がナッシュ均衡から外れていれば，相手の戦略に対して最適反応となるように確率を変更するのが良いと思われます．ただし，自分の子供を相手にこのゲームをプレイしている場合には，子供が勝つまで家に帰れないなどの他の問題が生じますので，むやみに勝っても自分の効用は最大化されません．

第3章

繰り返しゲームとゲーム木探索

3.1 ゲームの必勝法?

本章では，繰り返しゲームにおける戦略の決定方法である**ゲーム木探索**について解説します．本章で対象とするゲームは，以下のような性質を持っています．

- 行動の選択が一回だけではなく，交互に繰り返し生じる．
- 前の番に相手の選んだ手は正確にわかる．

説明のため，次のような非常に簡単なゲームを考えましょう．

- 二人で交代に，1から順に25までの数を言う．
- 言う数の個数は，1個，2個，3個のいずれか好きなのを選んでよい．
- 最後に25を言った方が負け．

例えば，先手は1と言って後手に順番を回してもよく，その場合は後手は2から始めます．先手は1,2と言っても，1,2,3と言ってもよく，その場合には後手は，それぞれ3，もしくは4から始めることになります．実際にこのゲームをプレイしてみると，最初はコツがつかめないかもしれませんが，何回か繰り返しているうちに必勝法がわかってきます．

バックワードインダクションで考えると，24を言って相手に順番を回せば絶対勝ちです．そうすると，20を言って相手に順番を回せば，相手が何個を選んでも，

```
          . . . ㉔ 25
        24 を言って相手に回せば必勝
      . . . ⑳ 21 22 23 ㉔ 25
   20 を言って相手に回せば，次に 24 を言える
              . . .
           1  2  3  ④ . . .
       先手が何個を選んでも，後手は 4 を言える
```

図 3.1 25 を言ったら負け

次に 24 を言えるので絶対勝ちとなります．同様に，16 を言って相手に回せば，次に 20 を言えるので絶対勝ちとなります．以下同様に，12, 8, 4 を言って回せば勝ちとなり，先手が何を言おうと，後手は 4 を言って回すことができるので，結局，後手が必勝となります (図 3.1)．

このゲームの性質を整理すると以下のようになります．

- 二人で交代に順番が回ってくる．

- 自分の前の相手の行動／手は完全に観測できる．

- 偶然の入る余地がない．

人間が実際にプレイしている多くのゲーム，例えば，チェス，将棋，オセロ，囲碁，五目並べなどは，この単純なゲームと同様にこれらの性質を持っています．一方，これらの性質を満たさないゲームとしては，バックギャモン (さいころを振るので偶然の要素がある)，ポーカー (相手の手は完全には観測できない)，コントラクトブリッジ (プレイヤの協調がある) などがあります．

上記の性質を満たすゲームは，**二人**，**完全情報**，**決定的**なゲームと呼ばれ，このようなゲームには，原理的には必勝法が存在し，先手必勝か，後手必勝か，もしくは引き分けのいずれかになることになります．よって，原理的には先手／後

手を決めた時点で勝負はついているので，全能の神様同士の対戦なら，それ以降はゲームをするまでもないことになります．

実際，簡単なゲームなら必勝法がわかっています．例えば，○と×を3×3のマスにならべる，tick-tac-toe と呼ばれる三目並べは，双方が賢く手を選べば必ず引き分けになるので，かなり小さな子供同士ならゲームになりますが，ちょっと大きくなると誰もプレイしなくなってしまいます．また，6×6のオセロに関しては後手必勝であることが知られています．もちろん，もっと複雑なゲームでは必勝法はわかっていません．もしゲームの必勝法がわかってしまえば，人間がプレイするゲームとしては価値がなくなってしまうかもしれません．

3.2　ゲームの木

さて，これらのゲームの記述を正確に行い，何をもって必勝法と呼ぶかをもう少し厳密に定義するために，ゲームの木と呼ばれる表現を導入しましょう．ゲームの木は以下の構成要素からなります．

状態／ノード：　ゲームの可能な状態を表す．

状態の遷移／リンク：　正しい手により遷移可能な状態間を結ぶ．

また，先手を **MAX** プレイヤ，後手を **MIN** プレイヤと呼び，先手の順番（手番）に対応する状態を **MAX** ノード，後手の手番の状態を **MIN** ノードと呼びます (MAX/MIN の意味は後程説明します)．また，勝ち負けが決まったノードのことを端点と呼びます．図3.2に，先ほどの「25」を言ったら負けのゲームをさらに単純化した，先に「5」を言ったら負けというゲームのゲーム木を示します．図中の□が MAX ノード，○が MIN ノードで，ゲームの状態，すなわち，それぞれのプレイヤがいくつまでの数を言ったかを示しており，一個から三個の個数を選んで言えるということから，遷移可能な状態間をリンクで結んでいます．

ゲームの仮定として，先手 (MAX プレイヤ) ／後手 (MIN プレイヤ) 共に，お

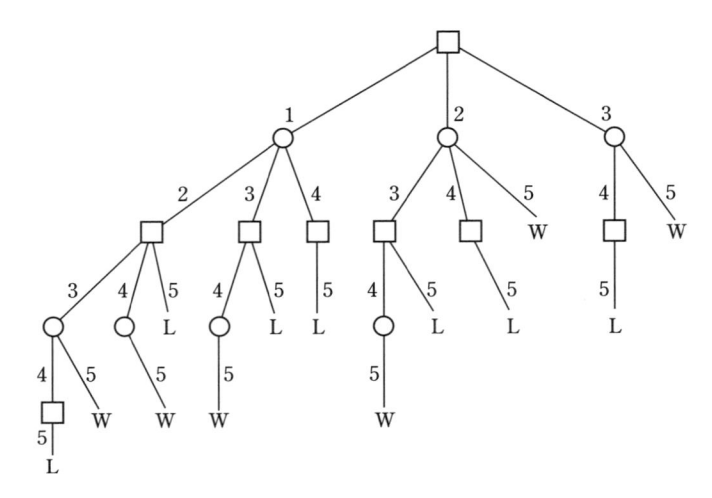

図3.2 ゲームの木

互いに自分が勝つようにベストを尽くすと考えます．この仮定の元で，ゲーム木のノード，すなわち，ゲーム中の可能な状態に関して，先手の立場で必勝／WIN，必敗／LOST のどちらかを判断していきます．これをノードの**ラベル付け**と呼びます．必勝という意味は，どんなに後手／MIN プレイヤが頑張って手を選んでも，先手／MAX プレイヤが賢く手を選べば，必ず勝てる手順があるという意味であり，必敗という意味は，どんなに先手／MAX プレイヤが頑張って手を選んでも，後手／MIN プレイヤにうまく手を選ばれてしまうと，必ず負かされてしまうような手順があるという意味です．

さて，ノードのラベル付け，すなわち，ある状態が先手の立場で必勝か必敗かの判断をすることは，以下のような手順で再帰的に，すなわち，ゲームが終了した状態である端点から順に定義することができます．

- 端点に関して，そのまま WIN/LOST．

- MAX ノードに関しては，子ノードに少なくとも一つ WIN があれば WIN，すべて LOST なら LOST．

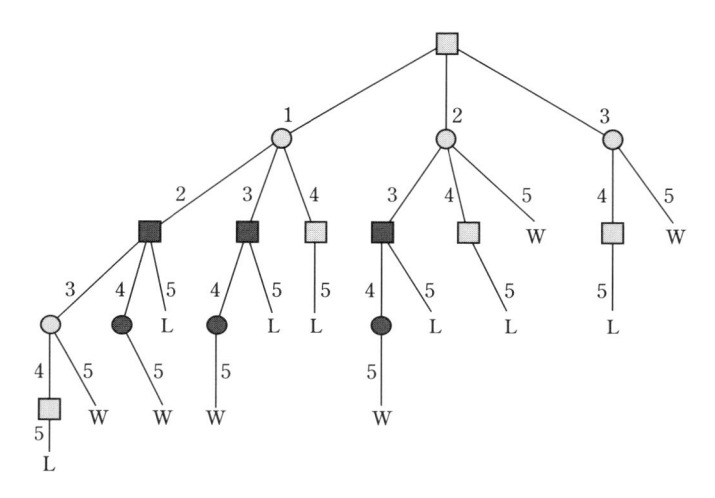

図3.3 ゲームの木 (ラベル付き)

- MIN ノードに関して，子ノードに少なくとも一つ LOST があれば LOST，すべて WIN なら WIN．

この定義は，それぞれのプレイヤが勝てるようにベストを尽くすという仮定に従っています．

図3.3 に，5 を言ったら負けのゲーム木の各ノードをラベル付けした結果を示します．黒色のノードが WIN，灰色のノードが LOST に対応します．このゲームは，最初に先手が何を選んでも，後手がうまく対応すれば後手の勝ちであることが示されています．

ここで，先手の立場から，WIN の価値が 100，LOST の価値を -100 とすると，上記の処理は，MAX ノードでは子ノードの最大値，MIN ノードでは最小値を取ることに対応しています．このことから，先手の手番を表すノードは MAX ノードと呼ばれ，後手の手番を表すノードは MIN ノードと呼ばれています．

もう一つ，比較的簡単に必勝法がわかるゲームを紹介しましょう．これは，ニムと呼ばれるゲームの一種で，マッチ棒を使うものや，コインを使うものなど，

図 3.4 ニム（コイン取り）

色々なバリエーションがありますが、ここで紹介するのはコインを取り合うものです。

図 3.4 に示すように、コインが 1 個と 6 個の列に分かれて並んでいます。交互に、1 個もしくは隣り合う 2 個を取ることができます。最後に 1 個もしくは隣り合う 2 個を取った方が勝ちとなります。さて、このゲームは先手必勝でしょうか？ それとも必敗でしょうか？ ゲームの木を書くことで、比較的簡単に確かめることができます。

実際にゲームの木を書いて必勝法を見つける場合には、必ずしも木を完全に展開する必要はありません。例えば、図 3.5 (a) では、MAX ノード A に関して、子ノード B が WIN であることがわかれば、A は、他の子ノードのラベルがどうなっても WIN ですので、他の子ノードは展開しなくても良いことになります。また、図 3.5 (b) では、MIN ノード C に関して、子ノード D が LOST であることがわかれば、C は、他の子ノードのラベルがどうなっても LOST ですので、他

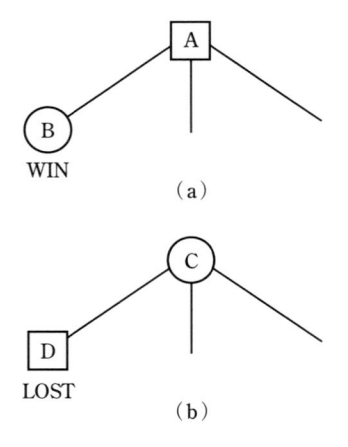

図 3.5 部分的に展開された木でのラベルの決定

3.2 ゲームの木

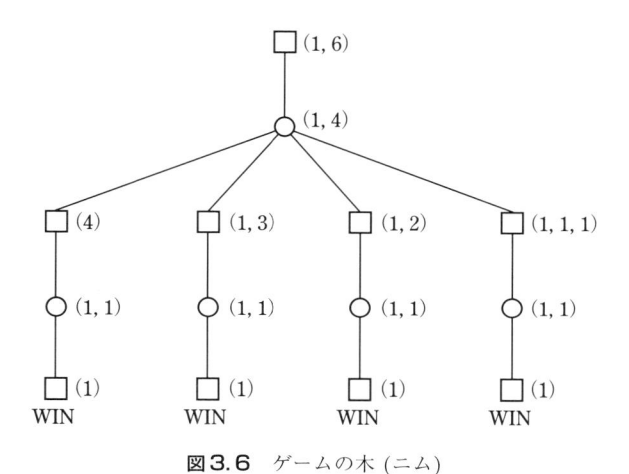

```
        □ (1,6)
        │
        ○ (1,4)
   ┌────┬┴───┬────┐
   □    □    □    □
  (4) (1,3) (1,2)(1,1,1)
   │    │    │    │
   ○    ○    ○    ○
 (1,1)(1,1)(1,1)(1,1)
   │    │    │    │
   □    □    □    □
  (1)  (1)  (1)  (1)
  WIN  WIN  WIN  WIN
```

図 3.6 ゲームの木 (ニム)

の子ノードは展開しなくても良いことになります．良い順番でノードを展開すると，意外に早く必勝法を見つけることができます．

実際にゲーム木を書いてみると，WIN でラベル付けされる MIN ノード，すなわち，それを相手に渡せば絶対勝てるというパターンの数は非常に限られていることがわかります．このようなパターンを記憶しておけば，実際にこのゲームをプレイするときに簡単に勝つことができます．コイン取りのニムでは，そのようなパターンとして，コイン 1 個だけの列が二つとか，コインが 2 個の列が二つ，コインが 1 個の列と 4 個の列等があります．図 3.6 に示すように，コインが 1 個の列と 4 個の列にして相手に渡せば必勝なので，このゲームは先手必勝であることが導かれます†．

さらにもう一つゲームを紹介しましょう．図 3.7 に示すように，上段に 3 マス，下段に 4 マスの枠があります．先手は ○，後手は × の駒を持ち，初期配置は図 3.7 の通りです．それぞれのプレイヤは，自分の手番で，上段もしくは下段のどちらか片方の駒を動かします．駒は左右に何マス動かしても良いが，相手の駒を飛び越えることはできないし，相手と同じマスに入ることはできません．自分の

---

† 1 個の列と 4 個の列にする以外に，もう一つ先手が必勝のパターンがあります．考えてみて下さい．

図 3.7 追い詰めゲーム　　　　　**図 3.8** 追い詰めゲーム (先手の負け)

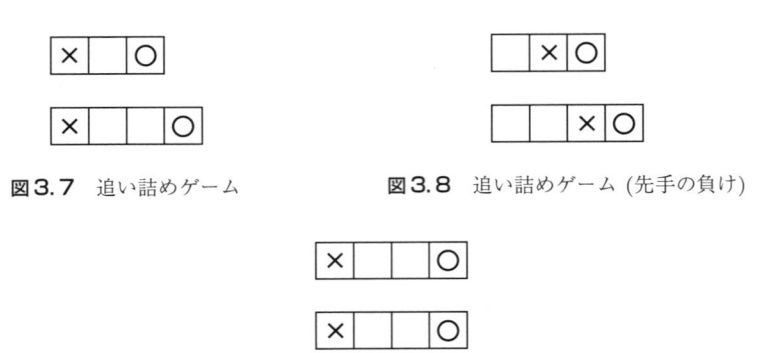

図 3.9 追い詰めゲーム (変更版)

手番で，動かせる駒がなくなった方の負けです．例えば，図 3.8 の状況は先手の負けです．

このゲームは先手必勝となっています．実際にゲーム木を展開して確認して見て下さい．

さらに，初期配置を図 3.9 のように，上段に 4 マス，下段に 4 マスに変更したゲームは，先手必勝でしょうか？ それとも後手必勝でしょうか？

このような方法で，原理的にはどんなゲームでも必勝法が見つかることになりますが，木の大きさ／サイズが膨大になるため，現実的には木を完全に展開することはできません．ゲームの木を完全に展開した場合のサイズがどのくらいになるか，また，そのゲームをプレイするコンピュータプログラムがどの程度の強さとなっているかを表 3.1 に示します．

実際には，チェッカー (チェスの盤を使うはさみ将棋に似たゲーム) でもゲームの木は大き過ぎて，必勝法はまだ見つかっていません．

表 3.1 ゲーム木のサイズ

チェッカー	10 の 30 乗	世界チャンピオン
オセロ	10 の 60 乗	世界チャンピオン
チェス	10 の 120 乗	世界チャンピオン
将棋	10 の 220 乗	アマ 4 段
囲碁	10 の 360 乗	アマ 5 級

3.3 負けにくい手を探す：ミニマックス法

通常のゲームでは，木が大き過ぎるため，端点まで木を展開するのは不可能です．このため，途中まで展開されたゲーム木で，どの手が良いかを選ぶ必要があります．これは，一手先，二手先，もしくは三手先まで先読みをして，どの手が良いかを考えることに対応します．

まず，端点ではない，ゲームの途中の状態に関して，その良さを評価する関数を作ります．これを**静的評価関数**と呼びます．静的評価関数は数値を返し，大きいほうが良いとします．例えば，チェスや将棋ならば，所有するコマの数や価値，配置等に基づいて評価値を決めることができますし，オセロならば，コマの数や位置，例えば四隅や端の方が価値が高いといった判断を入れて静的評価関数を作ります．可能な範囲でゲームの木を展開し，ゲームが終了している訳ではないですが，展開した範囲で最も先端にあるノード (このようなノードを葉ノードと呼びます) の評価値を，静的評価関数の値を用いて求めます．葉ノード以外のノードの評価値は，必勝法を決める方法と同様にして決めます．すなわち，MAX ノードでは子ノードの最大値，MIN ノードは子ノードの最小値を取ります．以下の処理を繰り返していき，最終的に先手の行動を決める際には，最初の MAX ノード (根ノードと呼びます) で，評価値が最大の子ノードに達する手を選べば良いことになります．

このような行動の選択法のことを，**MIN-MAX 法**と呼びます．この方法は，前章で説明した MIN-MAX 戦略を繰り返しゲームに適用したものと考えることができます．

例えば，非常に簡単な例で，○と×を 3×3 のマスにならべる，tick-tac-toe と呼ばれる三目並べの静的評価関数を考えてみましょう．ある状態が与えられたとき，先手 (×) の立場から考えて，まだ×で埋められる可能性のある，縦横斜めの列の数をカウントします．次に，○で埋められる可能性のある，縦横斜めの列の数をカウントします．この二つの数の差を静的評価関数とすれば，なるべく自分が埋められる列が多く，相手が埋められる列の数が少ない状態を優先すること

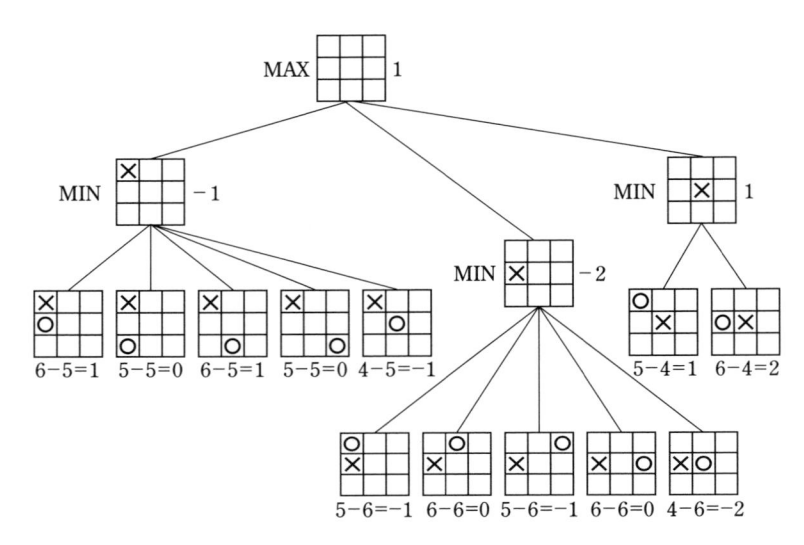

図3.10 MIN-MAX法

になります．

　図3.10に，この静的評価関数を用いて，初期状態において，先手が二手先まで読んだゲーム木を示します．木を簡潔にするために，対称な状態は省いています．先手は，もっとも良い評価値1を与える，中央に×を配置する手を選ぶことになります．このゲームは双方が賢くプレイすれば必ず引き分けになりますが，中央に×を配置するのは引き分けに至る手筋の一つですので，この選択はそれなりに妥当なものになっています．

　さて，先読みの深さに関しては，基本的には，深く読めば読むほど強いと考えることができます．これは，多くの場合，終盤の方が静的評価関数の値が信用できるためです．一方，先読みをして行動を選択する場合に，先読みの深さが一定だと，将来の損失が不可避であるにも関わらず，本質的でない先延ばしの手を選んでしまうという，**水平線効果**と呼ばれる現象が知られています．例えば，できの悪い将棋やチェスのプログラムだと，ほぼコンピュータの側の負けが決定の状態で，無意味な王手を繰り返したりします．これは，実際には無意味であっても，その手を指すことで，海で船が水平線の先に行って見えなくなるように，自分の

負けが決定する状態が先読みの範囲の外に出てしまうために，一見，その手が良く見えてしまうためです．このような問題を防ぐためには，状況によって，先読みの深さを変更する (問題がありそうなら，より深く読む) といったことが必要となります．

3.4　ミニマックス法の高速化：アルファ・ベータ探索

　ミニマックス法では，各ノードでの子ノードの数，すなわち可能な手の数を b，先読みの深さを d とすると，大体 b^d の数のノードを展開する必要があります．しかしながら，これらのすべてのノードが根ノードの評価値に影響を与える訳ではなく，必ずしもすべてのノードを展開する必要はありません．

　前に必勝法を求める時に，MAX ノードの子ノードに一つでも WIN となるものが見つかれば，自分はそれを選べば良いので他の子ノードは展開する必要はなく，また，MIN ノードの子ノードに一つでも LOST となるものが見つかれば，相手はそれを選んでしまうので他の子ノードは展開する必要はないということを説明しました．**アルファ・ベータ探索**は，ミニマックス法に同様なアイデアを導入して，不要なノードの探索を回避する方法です．

　具体的には，各ノードの評価値の下界値（それ未満には絶対ならない値），上界値（それより大きくは絶対ならない値) を管理します．下界値を α 値，上界値を β 値と呼びます．初期値はそれぞれ $-\infty$，$+\infty$ とし，$\alpha\beta(n) = (a, b)$ のように記述します．ここで a が α 値，b が β 値を意味します．親ノード n に関して，$\alpha\beta(n) = (a, b)$ であるとします．n の子ノード n' に関して，$\alpha\beta(n')$ の初期値は親と同じ (a, b) に設定します．

　親ノード n が MIN ノードで，子ノード n' が MAX ノードの場合には，n' において下界値 a を更新して大きくしていきます．その過程で，$a \geq b$ となった時点で，その子ノード n' およびその子孫の探索を打ち切ることができます．親ノード n は MIN ノードであり，その上界値が b であるということは，評価値を b 以下に押さえられる手が n' の他に存在するということなので，少なくとも $a \geq b$ な

る a を取られてしまう手 n' を相手が選択する可能性はありません．

　この具体例を図 3.11 に示します．MAX ノード B の評価値が 4 であることがわかった時点で，親の MIN ノード A に関して，$\alpha\beta(A) = (-\infty, 4)$ となったとします．A の二つ目の子の MAX ノード C に関して，$\alpha\beta(C)$ の初期値は親と同じ $(-\infty, 4)$ に設定し，下界値を更新して大きくしていきます．C の最初の子ノードの評価値が 5 であることがわかると，$\alpha\beta(C) = (5, 4)$ となり，$5 > 4$ なので，C およびその子孫に関する探索は打ち切ってよいことになります．もう少し詳しく説明すると，MIN ノード A において相手が C を選ぶと，自分は少なくとも 5 を得ることができます．一方，MIN ノード A において相手が B を選ぶと，自分の得る評価値は高々 4 であるため，相手が C を選ぶ可能性はありません．よって C およびその子孫に関する探索を打ち切ることができます．このタイプの親の β 値を用いた枝刈りを**ベータカット**と呼びます．

　同様に，親ノード n が MAX ノードで，子ノード n' が MIN ノードの場合には，n' において，上界値 b を更新して小さくしていきます．その過程で，$b \leq a$ となった時点で，その子ノード n' およびその子孫の探索を打ち切ることができます．親ノード n は MAX ノードであり，その下界値が a であるということは，少なくとも評価値が a となる手が n' の他に存在するということなので，どんなに頑張っても $b \leq a$ なる b しか得られない手の n' を自分が選択する可能性はありません．

　この具体例を図 3.12 に示します．MIN ノード B の評価値が 4 であることが

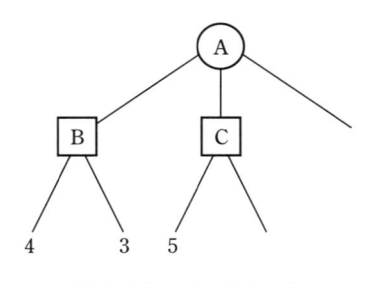

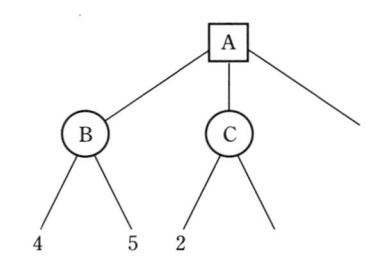

図 3.11 ベータカット　　　　　**図 3.12** アルファカット

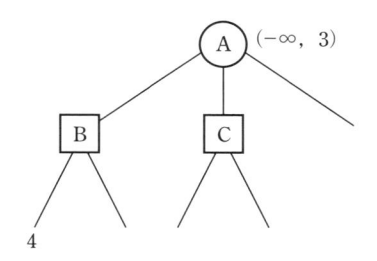

3.4 ミニマックス法の高速化：アルファ・ベータ探索

```
           A  (-∞, 3)
          / \
         B   C
         |
         4
```

図 3.13 深いベータカット

わかった時点で，親の MAX ノード A に関して，$\alpha\beta(A) = (4, \infty)$ となったとします．A の二つ目の子の MIN ノード C に関して，$\alpha\beta(C)$ の初期値は親と同じ $(4, \infty)$ に設定し，上界値を更新して小さくしていきます．ここで，C の最初の子ノードの評価値が 2 であることがわかると，上界値は更新されて $\alpha\beta(C) = (4, 2)$ となり，$2 < 4$ なので，C およびその子孫に関する探索は打ち切ってよいことになります．もう少し詳しく説明すると，MAX ノード A において自分が C を選ぶと，相手は自分の得る評価値を 2 以下に押さえることができます．一方，自分が B を選ぶと，自分は少なくとも 4 を得ることができるため，自分が C を選ぶ可能性はありません．よって，C およびその子孫に関する探索を打ち切ることができます．このタイプの親の α 値を用いた枝刈りを**アルファカット**と呼びます．

アルファ・ベータ探索による枝刈りは，これまでに示した兄弟間，すなわち，同じ親を持つノード間で生じるだけでなく，祖先から得られた情報によっても生じることがあります．図 3.13 に示すのは，深いベータカットと呼ばれる状況です．$\alpha\beta(A) = (-\infty, 3)$ であったとします．ここで上界値の 3 はノード A の祖先から得られた情報です．B の最初の子供をチェックした時点で $\alpha\beta(A) = (4, 3)$ となりますので，B およびその子孫に関する探索を打ち切ることができます．

同様に，図 3.14 に示すのは，深いアルファカットと呼ばれる状況です．$\alpha\beta(A) = (5, \infty)$ であったとします．ここで下界値の 5 はノード A の祖先から得られた情報です．B の最初の子供をチェックした時点で $\alpha\beta(A) = (5, 4)$ となりますので，B およびその子孫に関する探索を打ち切ることができます．

もう少し詳細に，アルファ・ベータ探索を実現するアルゴリズムを考えてみま

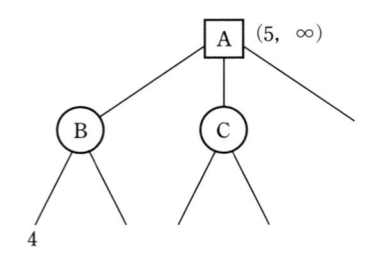

図 3.14 深いアルファカット

$V_{max}(n, \alpha, \beta)$
  1. n が葉ノードなら静的評価関数の値を返す.
  2. そうでない場合, n_k を n の各子ノード $n_1, n_2, \ldots n_b$ に設定.
  3. $\alpha \leftarrow \max(\alpha, V_{min}(n_k, \alpha, \beta))$
  4. $\alpha \geq \beta$ なら β を返す.
  5. $n_k = n_b$ なら α を返す. そうでなければ step 2 に戻る.

$V_{min}(n, \alpha, \beta)$
  1. n が葉ノードなら静的評価関数の値を返す.
  2. そうでない場合, n_k を n の各子ノード $n_1, n_2, \ldots n_b$ に設定.
  3. $\beta \leftarrow \min(\beta, V_{max}(n_k, \alpha, \beta))$
  4. $\beta \leq \alpha$ なら α を返す.
  5. $n_k = n_b$ なら β を返す. そうでなければ step 2 に戻る.

図 3.15 アルファ・ベータ探索のアルゴリズム

しょう. 具体的には, $V_{max}(n, \alpha, \beta)$ という関数を定義します. n はノード, α は下界値, β は上界値です. ルートの MAX ノード m に関して, $V_{max}(m, -\infty, +\infty)$ を実行すると, m の評価値が得られます. この関数は, 図 3.15 のように再帰的に (定義されている関数自体を繰り返し呼び出す形で) 定義されます.

実際の木で, アルファ・ベータ探索の効果を確認してみましょう. 図 3.16 (a) の探索木でアルファ・ベータ探索を用いた場合, 探索される部分は, 図 3.16 (b) で太線で示す範囲となります. 実際に図 3.15 のアルゴリズムを追って確認してみて下さい.

アルファ・ベータ探索による枝刈りの効果は, ノードを展開する順序に依存しま

(a)

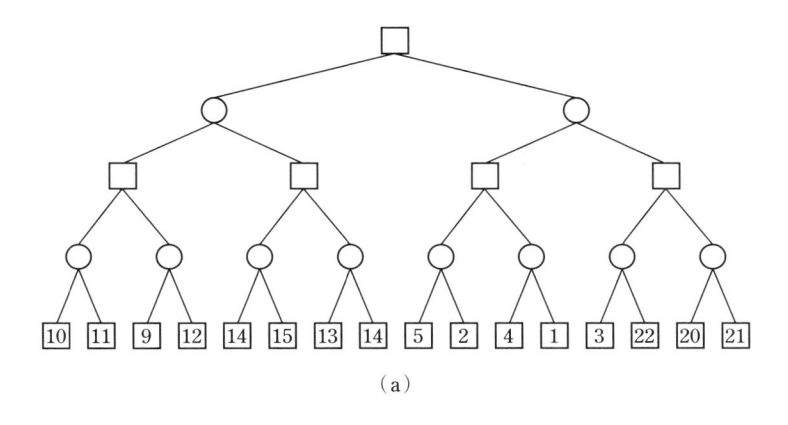

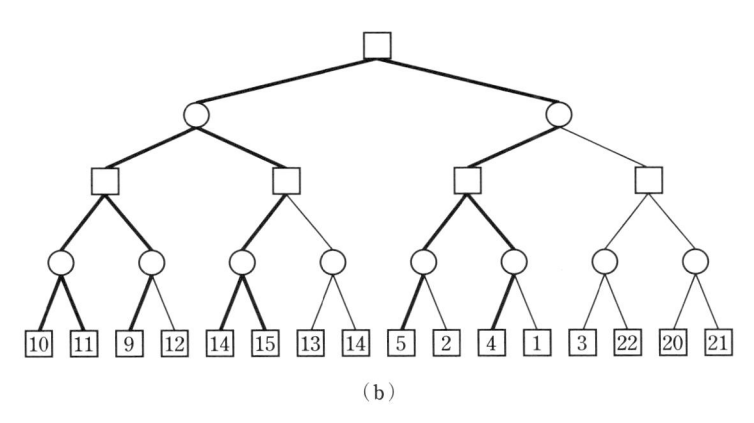

(b)

図3.16 アルファ・ベータ探索の効果

す. MAX ノードに関しては，なるべく大きな評価値となる子ノードを先に展開した場合，MIN ノードに関しては，なるべく小さな評価値となる子ノードから先に展開した方が効果的となります．運が悪いと，展開するノード数はミニマックス探索と同じとなり，まったく枝刈りができない可能性もあります．もう少し詳細には，最も運が良い場合には，深さ d, 分岐 b として，探索される端点の個数は，ミニマックス法では b^d であるのに対して，アルファ・ベータ探索では $2b^{d/2} - 1$ まで減少します．この理由ですが，あるノードに関して，その祖先の MIN ノードが，すべてその親の MAX ノードの最初の子供であれば，最初の子供に関して

は α が $-\infty$ なので必ず展開されます．このようなノードの数は $b^{d/2}$ です．また，あるノードに関して，その祖先の MAX ノードが，すべてその親の MIN ノードの最初の子供であれば，最初の子供に関しては β が $+\infty$ なので必ず展開されます．このようなノードの数は $b^{d/2}$ です．探索木の一番左のノードは二重に数えているので，合計では $2b^{d/2} - 1$ となります．指数の肩の数字が半分になっているというのは，全体で半分どころではなく，大幅にノード数が減っていることに注意して下さい．図 3.16 (b) の例は，$b = 4, d = 4$ で，この最も運の良い場合に対応しています．

これまでの本章の内容のまとめを示します．

- 二人，完全情報，決定的ゲームはゲームの木で記述される．
- 原理的には先手必勝／後手必勝／引き分けのいずれかになり，ゲーム木を完全に展開すればわかる．
- 完全に展開できない場合は，静的評価関数を用いて，一定の先読みでミニマックス法を用いる．
- 評価値に影響を与えない不要なノードの展開を避け，ミニマックス法を高速化したのがアルファ・ベータ探索である．

3.5 人工知能のショウジョウバエ？：ゲームプログラムの歴史

ここで，ゲームをプレイするコンピュータプログラムの歴史を簡単に紹介しておきます．ゲームをプレイするプログラムの作成は，人工知能の **fruit fly** (ショウジョウバエ)，すなわち，人工知能の実験台と呼ばれていました．1950 年頃に，クロード・シャノンとアラン・チューリングがコンピュータチェスの可能性を示す論文を示しています．記録に残っている最も古いチェスを指すプログラムは，

3.5 人工知能のショウジョウバエ?：ゲームプログラムの歴史

1956 年にアメリカのロスアラモス研究所で開発されたものだそうです．1950 年代に，経済学者で計算機科学にも多くの貢献をしたハーバート・サイモンが，あと 10 年で計算機プログラムが世界チャンピオンに勝つとの予想をしました．一方，1960 年代に，哲学者のヒューバート・ドレイファスが，チェスのプログラムは永久に人間の世界チャンピオンに勝てないとの予想をしています．実際のプログラムとしては，1960 年代のアーサー・サミュエルのチェッカープログラムは，当時の能力の低い計算機を用いながらも非常に強く，強化学習のような手法を用いて静的評価関数の学習を行っていました．

1980 年代になると，チェス専用のハードウェアやスーパーコンピュータを用いることが盛んとなり，カーネギーメロン大学の Deep Thought というプロジェクトで開発されたプログラムは，1 秒間に 70 万個のノードを評価することができ，人間のベスト 100 に到達したと言われています．この Deep Thought を引き継いだプロジェクトは Deep Blue と呼ばれ，IBM が 1989 年から開発を開始しています．Deep Blue はスーパーコンピュータに加えてチェス専用の論理回路 512 台を用いており，1 秒間に 2 億個のノードを評価することができ，3 分で 14 手の先読みが可能となっていました．Deep Blue は 1990 年に当時の世界チャンピオンのガルリ・カスパロフと対戦し，2 戦 2 敗でしたが，1996 年に再度カスパロフと対戦し，6 戦して 1 勝 3 敗 2 分けと，初めて人間の世界チャンピオンから勝ち星を得て，さらに 1997 年にニューヨークで対戦し，6 戦して 2 勝 1 敗 3 引き分けと，通算で人間の世界チャンピオンに勝ち越して，コンピュータが人間を破ったとして，非常に大きなニュースになりました．この試合では，第一局はカスパロフが圧勝，第二局で Deep Blue が重要な局面で目新しい手を打って快勝，その後三回の引き分けをはさんで，最終局で Deep Blue が勝利しています．

一方，チェスと比較して将棋はコンピュータプログラムが苦戦しています．将棋のプログラムが難しい原因の一つとして，取った駒を使える持ち駒制度があります．これにより，ある場面で選べる手の数，すなわちゲーム木の枝分かれの数が多くなり，ゲーム木が膨大になって勝負が長くなってしまいます．また，チェスと比較して，小駒が多く，また，"歩のない将棋は負け将棋"という将棋の格言

にもあるように，小駒だからと言って価値が低いとも言えないことから，静的評価関数の設計が難しくなっています．

3.6　失敗しないプランを探す：自然を相手に対戦

さて，ゲーム木の探索は，二人ゲーム以外の問題にも応用することができます．実際は一人で意思決定をするのですが，偶然の要素がある場合を考えましょう．このような場合には，"自然"というもう一人のプレイヤがいると考え，いかに運が悪くても（自然が自分に敵対し，自分に取って最悪の手を打っても），自分が勝てるような手を選ぶようにすれば良いことになります．

次のような問題を考えましょう．

> 12個の見た目はまったく同じ金貨があるのですが，一つだけ偽の金貨があり，本物よりわずかに重いことがわかっています．課題は，図3.17のような天秤秤を使って偽金貨を見つけることですが，天秤秤は三回しか使うことができません．

例えば，金貨を一つずつ選んで秤にのせた場合，起こりうる可能性は釣り合うか，左が重いか，右が重いかの三通りあります．これはどれが起こるかはわからないので，これを自然というプレイヤの選択と考えて，どれが起こっても大丈夫なように計画を作っておく必要があります．この課題は比較的簡単で，多くの解法がありますが，例えば次のような解法が考えられます．

図3.17　天秤秤

1. まず 4 つずつ比べる．
2. 釣り合わなかったら重かった方，釣り合ったら残りの 4 個の中に偽金貨がある．
3. 疑わしい 4 個から，2 個ずつ比べる．
4. 重いほうの 2 個のどちらかが偽金貨．
5. 疑わしい二つを比較して，2 個を比べて重いほうが偽金貨．

　もう少し難しい課題として，一つだけ偽金貨があることはわかっているが，それが本物より重いか軽いかわからない場合があります．この場合でも，うまく工夫すると，天秤秤の使用は，やはり三回で十分であり，また，偽物が重いか軽いかも判断することができますので，考えて見て下さい (次節に解答を示しておきます)．ヒントとして，最初は，前の例と同様 4 つずつ比較しますが，二回目がポイントで，うまく金貨を混ぜて比較する必要があります．

　この課題を一般化すると，以下のような課題が考えられます．興味のある方は考えてみて下さい．

- 金貨の個数を n として，3 回で偽金貨を発見できる最大の n はいくつか？
- 重いことがわかっている場合，重いか軽いかわからない場合，重いか軽いかも判定しないといけない場合によって n は変化するか？
- 一般に，金貨の個数 n と，最小の秤の使用回数の関係はどうなるか？

3.7　偽金貨問題の解答

- $1, 2, 3, \ldots, 11, 12$ の金貨があるとします．

- まず，$(1, 2, 3, 4)$ と $(5, 6, 7, 8)$ を比較します.

  $(1, 2, 3, 4) = (5, 6, 7, 8)$ でつりあった場合：偽は $9, \ldots, 12$ の中にある.

  $(1, 9)$ と $(10, 11)$ を比較.

  $(1, 9) = (10, 11)$ でつりあった場合：12 が偽．(1) と (12) を比較，$(1) < (12)$ なら偽物は重い，$(1) > (12)$ なら偽物は軽い.

  $(1, 9) < (10, 11)$ の場合：(10) と (11) を比較，$(10) = (11)$ なら 9 が軽い，$(10) < (11)$ なら 11 が重い，$(10) > (11)$ なら 10 が偽物で重い.

  $(1, 9) > (10, 11)$ の場合：(10) と (11) を比較，$(10) = (11)$ なら 9 が偽物で重い，$(10) < (11)$ なら 10 が偽物で軽い，$(10) > (11)$ なら 11 が偽物で軽い.

  $(1, 2, 3, 4) > (5, 6, 7, 8)$ の場合：$9, \ldots, 12$ は本物.

  $(1, 2, 5)$ と $(3, 6, 12)$ を比較 —— この混ぜ方がポイント

  $(1, 2, 5) = (3, 6, 12)$ でつりあった場合：$4, 7, 8$ のどれかが偽物.

  (7) と (8) を比較，$(7) = (8)$ なら 4 が偽物で重い，$(7) < (8)$ なら 7 が偽物で軽い，$(7) > (8)$ なら 8 が偽物で軽い.

  $(1, 2, 5) < (3, 6, 12)$ の場合：5 が偽物で軽いか 3 が偽物で重い.

  (3) と (12) を比較，$(3) = (12)$ なら 5 が偽物で軽い，$(3) > (12)$ なら 3 が偽物で重い.

  $(1, 2, 5) > (3, 6, 12)$ の場合：$1, 2$ のどちらかが偽物で重いか 6 が偽物で軽い.

  (1) と (2) を比較，$(1) = (2)$ なら 6 が偽物で軽い，$(1) < (2)$ なら 2 が偽物で重い，$(1) > (2)$ なら 1 が偽物で重い.

  $(1, 2, 3, 4) < (5, 6, 7, 8)$ の場合：上と同様なので省略.

第4章

オークションの基礎

4.1　相手のタイプがわからない場合：不完備情報ゲーム

　本章で紹介するオークションが，これまで紹介してきたゲームと大きく違う点として，これまでは利得行列がお互いにわかっていることを前提としてきましたが，この前提が成立しないことがあります．オークションでは，自分のライバルが，オークションにかけられている商品に対していくらまでなら払って良いと思っているかがわからないのが通例です．

　このような情報の不確実性が存在するゲームのことを，**不完備情報ゲーム**(Games with Incomplete Information) と呼びます．情報の不確実性には，他者の効用がわからない，すなわち自分の対戦している相手がどんなタイプのプレイヤであるかがわからない場合，あるいは結果が確率的，すなわち自然の選択がある場合，交互にプレイするゲームで相手の手が観察できない場合など，さまざまな場合があります．

　さて，相手のタイプがわからない場合に，どうしたらゲームの結果を予測することができるでしょうか?

　図 4.1 は，前に紹介した弱虫ゲームですが，改めて状況を説明します．

> 　二人が，崖に向かってそれぞれ車を走らせており，先にブレーキを踏んだ方が弱虫で負けというゲームを考えます．

　D は絶対に相手よりも先にブレーキを踏まないという行動，C は適当なところでブレーキを踏むという行動に対応します．二人とも D を選んでしまうと崖から

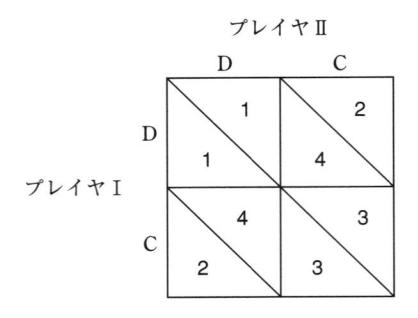

```
              プレイヤ II
                D      C
                  1      2
           D    1      4
プレイヤ I
                  4      3
           C    2      3
```

図 4.1 弱虫ゲーム

落ちて死んでしまうので利得は 1, 片方が D で片方が C なら，勝った方の利得は 4 で，負けて弱虫と呼ばれる方は，それでも死ぬよりは良いので利得は 2, 両方が適当なところでブレーキを踏むと，そこそこ面目は立って，利得はいずれも 3 であると考えます．

通常の相手同士の対戦では，ゲームはこの利得行列で記述されるのですが，以下のような違うタイプのプレイヤがいる場合を考えましょう．Bull (雄牛) と呼ばれるタイプのプレイヤは，負けるのは死ぬのと同じくらい嫌だと考えているとします．Bull が通常のプレイヤと対戦する場合の利得行列を図 4.2 (a) に示します．死ぬ場合の効用が，1 から 2 に増加しており，負ける場合の効用と同じになっています．

また，Chicken (弱虫) と呼ばれるプレイヤは，ブレーキを踏まないのは死ぬほど怖いと考えているとします．Chiken が通常のプレイヤと対戦する場合の利得行列を図 4.2 (b) に示します．自分がブレーキを先に踏まないで勝つ場合の効用が 4 から 3 に減少しており，両方がブレーキを踏んで引き分けの場合と同じになっています．

さて，相手が通常のプレイヤか，あるいは Bull か Chicken かは等確率の 1/3 であるとしましょう．また，それぞれのプレイヤは，当然，自分がどのタイプかはわかっていますが，相手のタイプはわかっていません．ただし，相手が通常/Bull/Chiken の各タイプである確率は 1/3 であることを知っているとします．

4.1 相手のタイプがわからない場合：不完備情報ゲーム

通常のプレイヤ
(a)

	D	C
Bull D	1 / **2**	2 / 4
Bull C	4 / 2	3 / 3

通常のプレイヤ
(b)

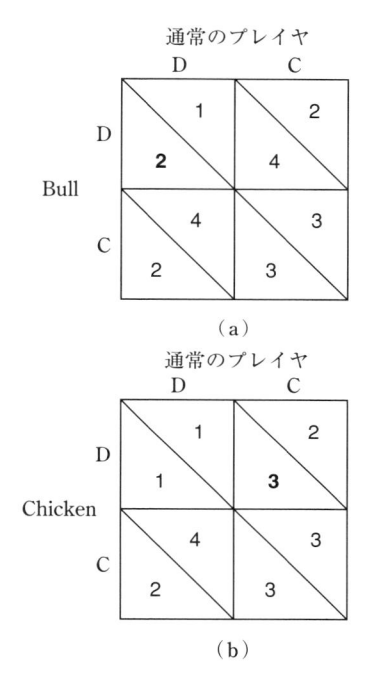

	D	C
Chicken D	1 / 1	2 / **3**
Chicken C	4 / 2	3 / 3

図4.2 弱虫ゲームの変形

もう少し詳細には，自分が $1/3$ という確率を知っていることを相手も知っており，相手が知っていることを自分も知っているといった，**共通知識**と呼ばれる仮定をおきます．

さて，以下のような，各タイプと戦略のペアを考えましょう．

通常のプレイヤ: D/C を確率 0.5 で選ぶ．

Bull: 常に D を選ぶ．

Chicken: 常に C を選ぶ．

このタイプと戦略の組合せは，対戦相手の各タイプのプレイヤが，この通りの戦略を取ると仮定すると，最適反応になっています．Bull にとっては D を選ぶ

のが弱支配戦略で，Chicken にとっては C を選ぶのが弱支配戦略です．通常のプレイヤにとっては，相手のタイプが通常のプレイヤか Chicken か Bull かはわかりませんが，これらのプレイヤが上記の戦略を用いる場合，相手が D/C を選ぶ確率は 0.5 なので，自分にとっての最適反応は，やはり D/C を確率 0.5 で選ぶことになります．このような，各タイプが生じる確率分布が与えられている場合に，お互いに最適反応となっているタイプと戦略の組合せを**ベイジアンナッシュ均衡**と呼びます．相手のタイプが正確にはわかっていなくても，どのタイプがどのくらいの確率で生じるかがわかっていれば，ナッシュ均衡に近い均衡を定義することができ，それがベイジアンナッシュ均衡です．注意すべきこととして，ベイジアンナッシュ均衡が成立するためには，タイプの確率分布がプレイヤ間の共通知識である必要があります．

支配戦略を選択する際には，各プレイヤは相手が合理的かどうかを気にする必要はありませんでした．一方，反復支配戦略均衡，もしくはナッシュ均衡となる戦略を選択するためには，各プレイヤは相手が合理的であることに確信が持てる必要があります．また，ベイジアンナッシュ均衡となる戦略を選択するためには，各プレイヤは相手が合理的であることに確信が持てるだけでなく，タイプに関する確率分布が共通知識であることに関しても確信できる必要があります．

4.2　大学に行く理由？：シグナリング

相手のタイプがわからないということは現実にも良く生じることで，例えば企業が労働者を雇用する場合でも，労働者の能力を事前に正確に評価することは難しいと考えられます．このようなタイプがわからない場合に，自分のタイプを相手に信じてもらえるように伝えようとすることを**シグナリング**と呼びます．

シグナリングの例として，大学の価値という問題を考えましょう．大学に勤めている身分でこのようなことを言うのは憚られるのですが，大学教育によって労働者の生産性が本当に向上するのかには良くわからないところがあります．しかしながら，大学教育を受けようとする人は多く，また，企業も大学教育を受けた

人を，受けていない人よりは高給で雇用しています．なぜこのような現象が生じているかの一つの説明として，大学教育が能力の高い労働者と低い労働者を区別するシグナルとして機能しているのではないかということがあります．

以下，非常に簡単化したモデルで考えましょう．

- 能力の高い人 (High) と低い人 (Low) がいて，確率は 1/2．

- High の生産性は 6, Low の生産性は 3．

- 大学教育を受けるコストは，High は 0, Low は 3．

- 企業は，労働者に高賃金 (4) をオファーするか，低賃金 (1) をオファーするかを決める．

- 企業の利得は生産性と賃金の差であり，雇用できないと企業の利得は-1．

- High は雇用されなくても自力で 3 の効用を得ることができるが，Low は雇用されないと効用は 0．

- 労働者は大学教育を受けるか受けないかを選択する．

- 企業は教育レベルに応じた (あるいは無視した) 賃金を設定する．

この状況を整理すると図 4.3 のようになります．最初に，自然というプレイヤがランダムに労働者の能力 (High と Low) を選択します．次に，各労働者は大学教育を受けるか受けないかを選択します．企業は労働者に高賃金を提示するか，低賃金を提示するかを選択しますが，この際に労働者の能力が高いか低いかは判断できません．このため，教育レベルが同じ労働者に対しては同じ条件を提示する必要があります．これは，企業の側からは，図 4.3 に示す，枠で囲まれた複数の状態 (情報集合と呼びます) を区別できないので，これらの状態で同じ戦略を取る必要があることに対応します．能力の高い労働者は，高賃金なら就職しますが，低賃金なら就職しません．能力の低い労働者は，高賃金でも低賃金でも就職

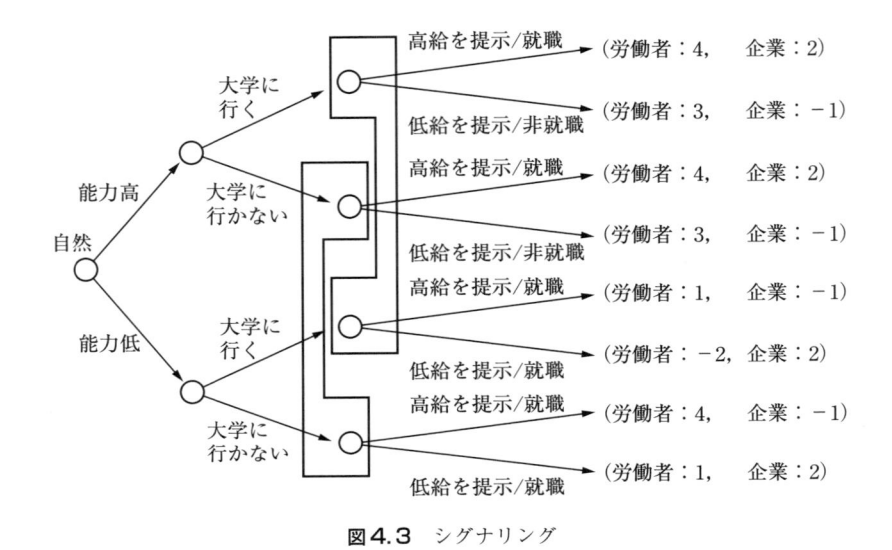

```
                          高給を提示/就職
                    ○ ────────────→ (労働者：4,  企業：2)
             大学に ↗ │
             行く    │ 低給を提示/非就職
                    └──────────────→ (労働者：3,  企業：-1)
       能力高 ●
            ↗  大学に    高給を提示/就職
           ↗   行かない ○ ────────────→ (労働者：4,  企業：2)
自然 ●          │
           ↘    │ 低給を提示/非就職
       能力低 ●  └──────────────→ (労働者：3,  企業：-1)
            ↘ 大学に    高給を提示/就職
              行く  ○ ────────────→ (労働者：1,  企業：-1)
                    │
                    │ 低給を提示/就職
                    └──────────────→ (労働者：-2, 企業：2)
              大学に    高給を提示/就職
              行かない ○ ────────────→ (労働者：4,  企業：-1)
                    │
                    │ 低給を提示/就職
                    └──────────────→ (労働者：1,  企業：2)
```

図4.3 シグナリング

します．

　大学教育を受けても，別に生産性が向上するわけではないことに注意して下さい (このモデル化は簡単のためであり，私が大学教育の価値がないと考えているわけではありません)．また，労働者がHighかLowかは個人情報で，労働者本人にはわかっていますが，企業は直接観察することはできません．さて，このゲームではどのようなベイジアンナッシュ均衡が生じるでしょうか？

　一つの可能性として，以下のような均衡が考えられます．

分離均衡

- 企業は，大学教育を受けた労働者には高賃金 (4) を，受けなかった労働者には低賃金 (1) を支払う．

- High は大学教育を受ける．効用は 4．

- Low は大学教育を受けない．効用は 1．

- 企業の効用は 2.

　この場合，Low にとっては，大学教育を受けても効用は増えません．企業にとっては，全員を低賃金で雇用することにすると，能力の高い労働者に逃げられてしまい，利益は $-1 \times 0.5 + (3-1) \times 0.5 = 0.5$ となって低下してしまいます．また，全員を高賃金で雇用することにすると，能力の低い労働者にも高給を払うことになり利益は減少してしまいます．このような，タイプの異なる労働者が異なる戦略を選ぶベイジアンナッシュ均衡を分離均衡と呼びます．この場合，能力の高い労働者にとって，大学教育を受けることが自分の能力の高さを示すシグナルとして機能しているわけです．

　しかしながら，この問題設定では以下に示すもう一つの均衡があります．

一括均衡

- 企業は，大学教育を受けた労働者には高賃金 (4) を，受けなかった労働者には低賃金 (1) を支払う．

- 全員が大学教育を受ける．

　この場合，異なる能力の労働者が同じ戦略を取っているため，この均衡は一括均衡と呼ばれます．この場合，低能力の労働者にとっては，大学教育を受けることをやめても効用は同じです．企業の効用は $2 \times 0.5 + (3-4) \times 0.5 = 0.5$ で，全員を低賃金で雇うことにしても，能力の高い労働者に逃げられてしまうので効用は増えません．この問題設定では，大学教育を受けること自体には価値がないので，社会的には無駄が生じていることになります．シグナリングが機能するためには，能力の低い労働者が大学教育を受けるコストを増やす必要があります．

　シグナリングという事例は，現実の世界でも関係しそうな事例が多く見られます．例えば，商店が華美なコマーシャルをしたり，豪華な店舗を持ったりするのは，ある意味で，商店の信用を高めるためのシグナルだと考えられます．華美なコマーシャルや豪華な店舗は，それ自体は売られる商品の品質を向上させるわけ

ではありません．しかしながら，粗悪な商品を売ってすぐに夜逃げするような商店が，そのような無駄な投資をすることは考えにくいため，これらの行動は信用を高めるために有効になります．また，歴史的には，成人として認められるための儀式として，非常に厳しい通過儀礼，例えば崖から飛び降りるとか，猛獣と戦うとかを要求した例があるそうです．これらの儀式をすることが直接共同体に貢献するとは考えにくいですが，このような儀式を行うことが，共同体のために尽くす人にとっては耐えられるが，そうでない人にとっては非常に苦痛であるとすれば，これらの儀式は共同体にとって有用な人を選別するためのシグナルになり得るわけです．

また，化学調味料を一切使わないレストランとか，醸造用アルコールを使わない純米酒なども，そのこと自体が直接味に貢献するわけではないと思われますが，化学調味料／醸造用アルコールを使わないことが，能力の高いレストラン／酒造にとってはそれほど難しくなく，能力の低いレストラン／酒造にとっては難しいとすれば，能力の高いレストラン／酒造を見分けるシグナルになっている可能性があります．

4.3 参加者のタイプ：個人価値／共通価値／相関価値

オークションとは，おおざっぱにいって，商品，仕事等を割り当てる方法の一つであり，参加者は主催者 (一般には売手)，入札者 (一般には買手) です．また，主催者と落札した入札者の間で，あらかじめ定められた方法で契約が義務づけられます．オークションは，売手が適切な価格を決定することが難しい商品の取引に有用であり，簡単に実現できるという利点があります．オークションという用語は，後述する英国型，もしくはその類似の形式のみを意味するために用いられることもありますが，本書では入札も含む，より広い意味でオークションという用語を用います．

オークションでは，通常は相手のタイプは不明であり，相手がいくらまで出せると思っているかはわからないことを前提とします．また，場合によっては，自

分自身の評価値に関しても不確実性が存在する場合があります．オークションの対象となっている商品 (以下，財とも呼びます) の価値に関して，個人価値／共通価値／相関価値といった分類がされることがあります．個人価値の財とは，財の価値は人によって異なり，その人の価値観によってのみ決定されると仮定できるものです．例えば，自分で使う骨董品などは，他の人がどう思っていようが，その価値は自分の価値観のみで決定できるということで，個人価値の財と考えることができます．しかし，その骨董品を後で転売しようと思っているなら，他の人の価値観を無視するわけにはいかなくなります．

一方，個人価値と対照的なのが，共通価値と呼ばれる場合で，この場合は財の価値はすべての人で共通であることを仮定します．全員がこの共通価値を知っていればオークションを行う必要はないのですが，正しい値が不明で，異なる買手が，この共通の価値に対して異なる推定値を持っている場合においては，オークションを行うことが有用となります．例えば，ある鉱山の採掘権の価値について考えましょう．この鉱山は金が出るかも知れないし，まったく出ないかもしれません．金の産出量が確定すれば，その鉱山の価値は共通の値に決まりますが，まだ産出量が確定していない段階では，異なる企業が異なる推定値を持っている場合が考えられます．

また，サッカーのワールドカップの放映権の価値を考えると，実際の価値には不確定性があり，日本が決勝ラウンドに進めるかどうかで価値は変わるでしょうし，異なる放送局は異なる推定値を持っていることが考えられます．このように，共通価値の場合には，各参加者にとっては自分の評価値に関しても不確実性が存在することになります．

相関価値というのは，個人価値と共通価値の中間的な場合を意味します．多くの場合，商品の価値は相関価値 (ある程度は自分の価値観が反映され，かつ他人の価値観の影響も受ける) と考えられますが，理論的な解析を簡単にするため，両極端の個人価値と共通価値という仮定がよく用いられます．

また，オークションの参加者の性質に関しては，リスクに対する態度が問題になります．よく用いられる分類として，**リスク中立型**の参加者と，**リスク回避型**の

参加者というものがあります．リスク中立型の参加者という仮定は，参加者は，様々な場合に関して，期待値が同じであれば同じ価値を持つという仮定です．例えば，コインを投げて，表なら100円もらえて，裏なら何ももらえないクジと，確実に50円もらえることの価値がまったく同じだと仮定します．

一方，リスク回避型という仮定は，参加者は確実性を重視し，少ない利益であっても確実に勝つことを好むという仮定です．例えば，クジよりも確実に49円もらえる方が良いと思うということを仮定します．

一般的な人間の性質としては，このクジの金額が大きくなればリスク回避型の方になっていくと思われます．100円ならあまり気になりませんが，表なら2億円もらえて，裏なら何ももらえないクジと，確実に1億円もらえる場合を比較すれば，私ならば確実にもらえる1億円を選びます．

また，解析を簡単にするための仮定として，参加者は準線形 (quasi-linear) の効用を持つという仮定をおく場合が多いです．これは，財を落札した場合の効用（うれしさ）は，財の価値と支払額の差で与えられるというもので，例えば一万円の財を8,000円で落札できれば，その効用は $10,000 - 8,000 = 2,000$ 円であると考えます．また，財が落札できなかった場合の効用は0であると考えます．注意すべきこととして，この定義を用いた場合，商品の価値が一万円ということは，その商品を一万円で買えればうれしいと考えているわけではなく，一万円で買うぐらいなら買わなくても構わないと考えているということがあります．この定義での商品の価値というのは，それ以上は出したくないぎりぎりの金額になっています．

リスク中立型，準線形の効用という仮定は，扱う金額があまり大きくない場合には，それなりに妥当な仮定だと考えることができます．このため本書では，以下において，このリスク中立型，準線形という仮定を用います．

4.4　セント・ペテルスブルグの逆説

ただし，場合によってはこれらの仮定をおくことによって，非常に直感に反す

る結果が導かれる場合があります．以下に，「セント・ペテルスブルグの逆説」として知られている例題を示します．

セント・ペテルスブルグの逆説

以下のようなクジを考える．

- コインを一回投げる．
- 表が出たら終わり．2 円もらえる．
- 裏が出たらならもう一回コインを投げる．
- 表が出たら終わり，4 円もらえる．
- 裏が出たならもう一回コインを投げる．
- 表が出たら終わり，8 円もらえる．
- 以下繰り返し，k 回目に初めて表が出たら 2^k 円もらえる．

さて，このクジに参加するのに，いくらまでなら払っても良いと思うでしょうか？ 私なら，10 円払うのでもちょっともったいない気がします (確率 1/16 でしか 10 円以上はもらえません)．この例題は，計算される期待値の額と，直感的に払っても良いと思う額が大きく異なるという意味で，逆説／パラドックスと呼ばれています．

実際に期待値を計算して見ましょう．確率 1/2 で 2 円もらって終わり，確率 1/4 で 4 円もらって終わり，以下同様に，k 回目で初めて表がでる確率は $1/2^k$ で，2^k 円もらえるので，期待値は以下の通りです．

$$2 \times \frac{1}{2} + 4 \times \frac{1}{4} + \ldots + 2^k \times \frac{1}{2^k} + \ldots = 1 + 1 + \ldots = \infty$$

結局期待値は無限大となっています．リスク中立型，すなわち期待値のみを考慮し，準線形の効用を持つ合理的なプレイヤなら，全財産をこのクジに賭けても

後悔しないことになります．これは直感に合わないので，これらの前提，リスク中立型および準線形の効用という仮定が，この例の場合にはあまりうまく当てはまらないということになります．

まず，このクジは非常にリスクが大きく，期待値は無限大でも，確率1/2で2円しかもらえません．そのようなリスクが大きいクジに全財産を賭けることはリスク回避型のプレイヤにとっては望ましくありません．また，準線形の効用という仮定も，金額が大きくなってくるとかなり怪しくなってきます．準線形の効用ということは，一万円を得た場合の効用の増加分は，資産の状況に関わらず一定であるということを意味しています．しかしながら現実には，貧乏な時の一万円の価値は大きいけれども，数億円の資産がある場合には，資産が一万円増えても効用の増加分はほとんどゼロに近づくと考えられます．

4.5 オークションプロトコルに望まれる性質

さて，オークションの仕組み／ルール (以下，オークションのプロトコルと呼びます) を設計する場合に，どのような性質が満たされるようにプロトコルを設計する必要があるでしょうか？例えば，望ましい性質として，以下のような性質が考えられます．

オークションプロトコルに望まれる性質

1. 入札者にとって支配戦略 (最適な戦略) があること

2. プロトコルが様々な不正行為の影響を受けないこと

3. 割当て結果がパレート効率的であること

4. 売手にとっては，なるべく売り上げが大きくなること

入札者にとって支配戦略があれば，入札者は他の入札者がどのようなタイプか，また，どのような戦略を取るかを気にすることなく，最適な戦略を決定すること

図4.4 休日の予定

ができます．

3のパレート効率性に関しては，囚人のジレンマのところで説明したように，本来の定義ではパレート効率的な状態とは，いずれかの参加者の効用を犠牲にすることなしには，他の参加者の効用を向上することができない状態のことを意味します．

例えば，父親，母親，子供の三人家族が，休日にどこかに出かけようと考えているとします (図 4.4)．候補は映画に行くか，デパートに行くか，公園に行くか，家にいるかの四つで，それぞれの効用は表 4.1 に示す通りであるとします．まず，家にいるぐらいなら，どこでも良いから出かけた方が良いというのは，家族全員が一致して合意することができます．さらに，映画とデパートを比較すると，父親と子供はどちらでも良く，母親はデパートの方がずっと良いと思っているので，映画に行くぐらいならデパートに行こうということも，やはり積極的に反対する人はいなくて，積極的に支持する人はいるので，全員の合意を得ることができま

表 4.1 効用 (休日の予定)

候補	父親	母親	子供
映画	2	2	2
デパート	2	5	2
公園	2	1	3
家にいる	1	1	1

表 4.2 準線形の場合 (休日の予定)

候補	父親	母親	子供	合計
映画	2	2	2	6
デパート	2	5 → 4	2 → 3	9
公園	2	1	3	6
家にいる	1	1	1	3

す.一方,デパートに行くか,公園に行くかの決定に関しては,母親と子供の意見が分かれているため,パレート効率性という観点からは,どちらにすべきかを決めることはできません.

一方,各参加者の効用が準線形という仮定を置く場合には,金銭を使って参加者間で効用のやりとりが可能であることを暗黙のうちに仮定しています.このような場合には,パレート効率的な状態では,すべての参加者の効用の和 (社会的余剰と呼びます) が最大化されることが保証されます.表 4.2 に示すように,四つの選択肢中で,デパートに行くことが参加者の効用の和 (社会的余剰) を最大化しています.この場合,母親から子供に効用を分け与える,例えば,デパートに行くなら新しいおもちゃを買ってあげると約束することにより,母親の効用を 1 減らして,子供の効用を 1 増やすことができます.これにより,デパートに行くことが唯一のパレート効率的な状態として残ります.

もう少し抽象的な例で,効用が準線形の場合のパレート効率的な状態の意味を説明しましょう.一般にはパレート効率性は,社会的余剰,すなわち参加者の効用の和の最大化を意味しません.例えば,二つの可能な状態 a, b に関して,状態 a に関しては二人のプレイヤの効用が共に 99 であり,状態 b に関しては,プレイヤ 1 の効用が 100 で,プレイヤ 2 の効用が 0 であるとしましょう (図 4.5).

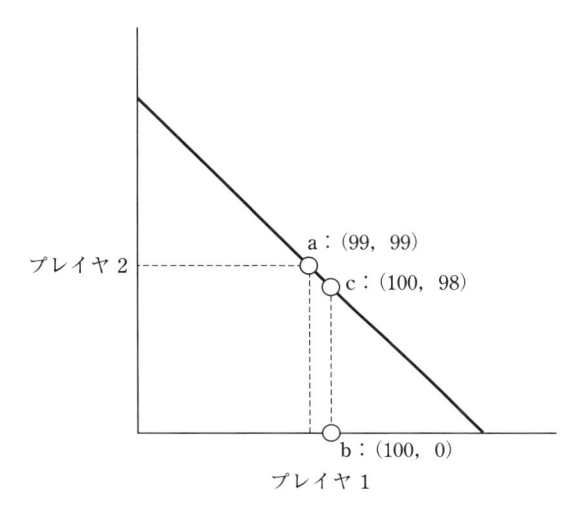

4.5 オークションプロトコルに望まれる性質

図4.5 パレート効率性

図 4.5 で，x 軸はプレイヤ 1 の効用を，y 軸はプレイヤ 2 の効用を示しています．プレイヤ 1 はより右側の状態を，プレイヤ 2 はより上にある状態を選好します．可能な状態がこれらの二つのみであると仮定すると，効用の和を最大化するのは状態 a ですが，これらの状態 a，b はどちらもパレート効率的です．明らかにプレイヤ 1 は状態 b をより選好し，プレイヤ 2 は状態 a をより選好するため，パレート効率性という観点からは，どちらかを選ぶことはできません．

一方，プレイヤの効用が準線形であると仮定すると，プレイヤ間でお金を用いて効用がやりとりできるため，パレート効率的な割当てでは参加者全員 (例えば売手とすべて買手) の効用の和は最大化されます．すなわち，状態 a が実現可能であれば，図の実線上の点すべてが実現可能となり，特に，プレイヤ 1 の効用が 100 で，プレイヤ 2 の効用が 98 という状態 c も実現可能となります．状態 c と状態 b を比較すれば，状態 c の方が同じかより望ましいことは二人のプレイヤ間で合意可能なので，状態 b はパレート効率的ではなくなります．

オークションの場合には，パレート効率的な割当てでは，財／商品は最も高い評価値を持つ買手に割り当てられることが要求されます．例えば，一つの財がオーク

ションにかけられており，$8,000$ の評価値を持つ買手が $7,000$ で落札した場合，社会的余剰としては，売手の効用は売上が $7,000$ なので $7,000$ として，落札した買手の効用は，準線形の効用という仮定を置いているので，$8,000 - 7,000 = 1,000$ となります．その他の落札できなかった買手の効用は 0 なので，合計の社会的余剰は $8,000$ となります．注意すべき点として，全体の効用の総和である社会的余剰の議論をする場合には，買手が支払った金額は，金は天下のまわりもので消えてなくなるわけではなく，買手から売手に移動しただけなので，社会的余剰には影響しないことがあります．したがって，社会的余剰を最大化するためには，財は猫に小判にならないように，その財を最も高く評価して，最大限に生かして使ってくれる人に割り当てられる必要があります．

4.6 望ましいルールとは？：メカニズムデザイン

さて，これまで紹介してきたゲーム理論の用語を用いて，オークションプロトコルの設計をすること（メカニズムデザイン）の意味を考えてみましょう．オークションのプロトコルを設計することは，ゲームのルールを決めることに相当します．プロトコルの設計者は，個々の参加者の具体的な行動まではコントロールすることはできません．よって，個々の参加者に，「正直に行動しろ」，あるいは「不正行為をするな」などと強制することはできません．各参加者は合理的な参加者であり，正直に行動しなかったり不正行為をした方が効用が増加するなら，おそらくそのように行動するでしょう．個々の参加者は図 4.6 (a) のネズミのようなものであり，いくら右の方向に行ってくれといっても，ネズミだから聞く耳は持たなくて，自分の好きなように行動するでしょう．

では，プロトコルの設計者が，ある達成したい目標，例えばパレート効率的な割当てを実現し，社会的余剰を最大化したいと思っている場合，個々の参加者の具体的な行動を直接コントロールすることなしに，その目標を達成することは可能でしょうか？どうすればネズミに思う方向に行ってもらえるでしょうか？以下のようにプロトコル／ルールが設計できれば，プロトコルの設計者は目標を達成

4.6 望ましいルールとは？：メカニズムデザイン

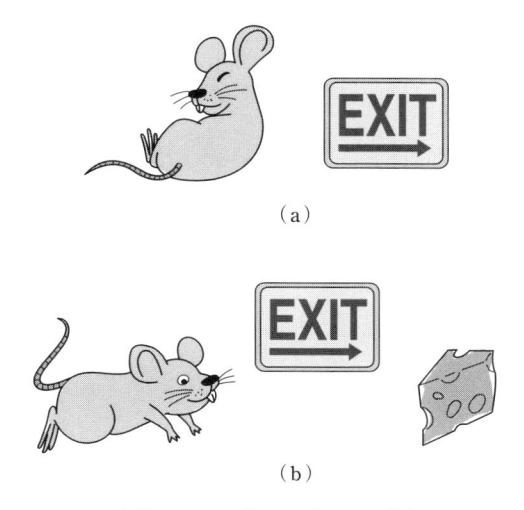

(a)

(b)

図4.6 メカニズムデザインの考え方

することができます．

目標を達成するプロトコル設計の方法

- 各参加者にとって支配戦略が存在するようにプロトコルを設計する．
- かつ，全員が支配戦略を取った場合，すなわち，支配戦略均衡において，目標とする性質が達成されるようにプロトコルを設計する．

各参加者は合理的ですから，支配戦略があればそれを自発的に選ぶと予想されます．よって，支配戦略均衡において望ましい性質，例えばパレート効率性が実現されるなら，参加者が合理的であれば望ましい性質が実現されます．すなわち，各参加者の行動を直接コントロールできなくても，参加者が合理的であることを利用して，一種の間接的なコントロールを行うことが可能なわけです．要は，図4.6 (b) のように，ネズミを動かしたければ，なんらかの餌 (図のチーズ) を与えれば良いわけです．

もちろん，どのような目標でも，このような方法で達成できるわけではなく，後

で示す架空名義入札が存在する場合には，パレート効率性を達成するプロトコルは存在しないことが証明されています．

4.7 様々なオークションプロトコル

一種類，一つだけの財が売られる (単一財の) 場合に用いられる具体的なオークション／入札のプロトコルについて，以下に紹介します．

最初に紹介するのは**英国型**と呼ばれる方式で，入札値を競り上げていく方式です．おそらくオークションというと，読者の皆さんが最初に思い浮かべるのはこの方式ではないでしょうか．

プロトコル:英国型

- 入札者は財に対して値をつけて，この付け値は公開される．

- 入札者はいつでも自分の付け値を増やすことができる．

- だれも値の変更を望まなくなった時点で，最高値の入札者が落札する．

英国型では，参加者の効用が個人価値の場合，以下の支配戦略があります．

英国型での支配戦略

- 自分の付け値が最高値でない場合，現時点での最高値から少額だけ競り上げ続ける．最高値が自分の評価値に達したら降りる．

全員が上記の支配戦略を取る支配戦略均衡では，最も高い評価値を持つ参加者が，二番目に高い評価値+少額で落札することになります．例えば，図 4.7 のように，評価値が$8,000 の入札者 1，$7,000 の入札者 2，$6,000 の入札者 3 がいる場合，$6,000 に達するまでは，3 人で競り合いますが，最高値の付け値が$6,000 に達した時点で，入札者 3 はそれ以上自分の付け値を上げようとはしません．それ以降は入札者 1 と 2 が競り合って，入札者 1 の付け値が$7,000 を超えた時点

図 4.7 英国型オークションの例

で，入札者 2 はそれ以上競り上げようとはしません．よって，誰も値の変更を望まなくなるので，オークションは終了し，入札者 1 が$7,000+少額で落札することになります．支配戦略均衡では，最も評価値の高い参加者が落札することになるので，パレート効率な割当てが実現され，社会的余剰は最大化されます．

次に，最初に簡単に紹介したビックレー，もしくは第二価格秘密入札と呼ばれる方式を改めて説明しましょう．

プロトコル:ビックレー (第二価格秘密入札)

- 各入札者は他者の付け値を知らされずに入札する．
- 最も高い付け値をつけた入札者が，二番目に高い付け値で落札する．

例えば，図 4.8 に示すように，入札額が$8,000 の入札者 1，$7,000 の入札者 2，$6,000 の入札者 3 がいる場合，入札者 1 が落札しますが，その際の支払額は二番目に大きい$7,000 となります．

個人価値の場合には，各参加者にとっては自分の評価値を入札するのが支配戦略となります．この性質は**誘因両立性**と呼ばれます．より詳細には，各参加者にとって，自分が勝者となった場合の支払額は，自分の入札額ではなく二番目に高い入札額なので，入札額を自分の評価値より低くしても支払額が減るわけではないので，入札額を下げようとする誘因はありません．逆に，どこまで入札額を上

図4.8 ビックレー入札の例

げればよいかというと，赤字を出して買っても意味がないので，それ以上は出したくないというぎりぎりの値，すなわち真の評価値を入札することが最適となります．

また，支配戦略均衡での財の割当て結果はパレート効率的で，最も高い評価値を持つ入札者が財を得ることが保証されます．また，支配戦略均衡で得られる結果は，少額の部分を除いて英国型と同じとなります．

ビックレー入札に関して，よく聞かれる疑問として以下のものがあります．

> どうしても欲しい商品があり，他者の入札額がそれほど高くないことがわかっていたら，一億円でも二億円でも入札すれば良いので，正直が最良の策とは言えないのでは？

ここでは，どうしても欲しいということの意味が問題となります．本当に一億円で買っても後悔しないのなら，評価値は一億円以上ですので，一億円より大きい入札をすれば良いのですが，万が一，他に一億円の入札があり，一億円で落札したら後悔する可能性があるなら，もう少し減らした真の評価値を入札する方が

4.7 様々なオークションプロトコル

図中テキスト：
- 三番目の入札額の $6,000 で落札
- $8,000
- $6,000
- $7,000

図4.9 クイズ：大は小を兼ねる？

無難です．

正直が最良の策／誘因両立的とは，どんな極端な場合を考えたとしても，正直に行動した場合と，そうでない場合を比較して，正直に行動した場合の方が利得が少なくなるような状況が存在しないということを言っています．

ビックレー入札の理解を深めるために，以下のクイズを考えてみて下さい (図4.9)．この章の最後に解答を示しておきます．

クイズ：大は小を兼ねる？

- ビックレー入札を若干変更し，勝者は最も高い入札をした人であることは変わらないが，その際に支払う金額を，三番目に高い評価値とした場合に，正直が最良の策となるでしょうか？

次に，通常の入札で用いられる第一価格秘密入札について説明します．

プロトコル:第一価格秘密入札

- 各入札者は他者の付け値を知らされずに入札する．
- 最も高い付け値をつけた入札者がその付け値で落札する．

この方式では，支配戦略は一般には存在しません．どのような戦略を選べば良いかは，自分の対戦相手のタイプ，および対戦相手の用いる戦略に依存します．

第一価格秘密入札では支配戦略は一般には存在しませんが，プレイヤの評価値の分布に特定の仮定をおけば，ベイジアンナッシュ均衡が求められる場合があります．例えば，自分以外に一人だけ競争相手がいる場合の第一価格秘密入札を考えましょう．自分の評価値 (これ以上払うと赤字になるぎりぎりの価格) が 50 で，相手の評価値に関しては，最低は 0 で最大は 100 までということはわかっていますが，他の情報は一切無く，どの値であるかは等確率だとみなせる場合を考えましょう．この状況は，相手のタイプは評価値で記述され，そのタイプは 0 から 100 までの可能性があり，どのタイプが生じるかの確率が等しい (このような分布を 0 から 100 の一様分布と呼びます) と考えれば，不完備情報ゲームとみなすことができます．また，相手も，自分の評価値に関してはわかっていませんが，0 から 100 までの可能性があり，どのタイプが生じるかの確率が等しいと考えているとします．

本当は相手のタイプの分布だけではなく，相手の戦略もわからないと最適な反応となる戦略はわからないのですが，ここでは仮に，相手の入札額は 0 から 50 までのいずれかで，いずれも等確率で生じる (0 から 50 の一様分布) と仮定しましょう．この場合，自分がリスク中立型であれば，自分の評価値の半分，すなわち 25 を入札するのが最適な反応となります．入札値をこれ以上高くすると，勝つ確率は増えますが，勝った場合の利益は減ります．一方，入札額をこれ以上安くすると，勝った場合の利益は増えますが，勝つ確率が減るので，ちょうど半分を入札するのが最適となります (図 4.10)．さて，相手も同じように考えており，評価値の半分を入札するとすれば，相手のタイプは 0 から 100 の一様分布ですので，相手の実際の入札額は 0 から 50 の一様分布となり，最初の仮定が成立する

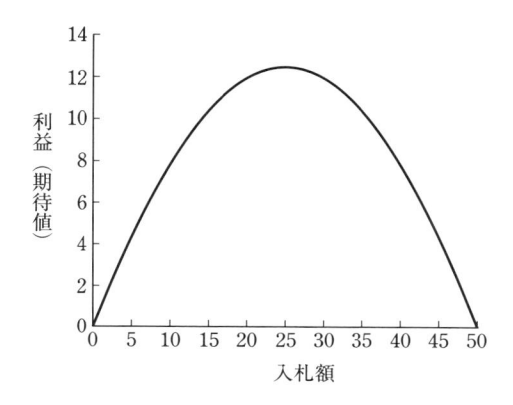

図4.10 第一価格秘密入札における利益の期待値

ことになります.すなわち,0から100の評価値を持つ各タイプの入札者が等確率で存在し,それぞれ自分の評価値の半分を入札することがベイジアンナッシュ均衡となります.

詳しい証明は省略しますが,入札者が N 人存在する場合には,それぞれ自分の評価値の $(N-1)/N$ を入札するのがベイジアンナッシュ均衡となることが導かれます.競争相手の数が多い場合には入札額を大きくしないといけなくなり,期待利得も小さくなることになります.

以下の内容は,ちょっと難しい数学的な内容ですので,興味のない人は読み飛ばして下さい.期待利得等の計算には,確率変数と呼ばれるものを用います.t という変数が確率変数であるとは,この変数が確率的に値を取ることを意味します.例えば,3回コインを投げて,表が出る回数を表す確率変数 t を考えましょう.最初の一回は表か裏の二通り,二回目,三回目もそれぞれ表か裏の二通りなので,合計で8通りの組合せがあります.このうち,一度も表がでないのは,全部裏という一通りしかないので,$t=0$ の確率は $1/8$,$t=1$ の場合は,どれか一回だけ表なのは三通りなので $3/8$,同様に $t=2$ の確率は $3/8$,$t=3$ の確率は $1/8$ となります.当然ですが,これらすべての確率を足すと1になります.t の期待値を求める場合には,t の取り得る各値に確率をかけて足せば良く,$0\times 1/8 + 1\times 3/8 + 2\times 3/8 + 3\times 1/8 = 12/8 = 1.5$ となります.t^2 の期待値を求めたければ,t^2 の取り得る各値に確率をかけて足せ

ば良く，$0 \times 1/8 + 1 \times 3/8 + 4 \times 3/8 + 9 \times 1/8 = 24/8 = 3$ となります．

一方，t が $0, 1, \ldots$ のような離散的な値でなく，例えば 0 から 1 までの実数値のような連続的な値を取る場合，t の取り得る値は無限個になります．このため，t がある一点を取る確率，例えば t が厳密に 0.5 である確率は無限に小さくなります．一方，ある一つの点ではなく，t がある範囲にある確率，例えば t が 0.1 から 0.5 にある確率を求めることはできます．

確率変数 t が連続的な値を取る場合，t がある値 x 以下である確率を，累積分布関数 $F(t \leq x)$ で表します．t が $[0,1]$ の一様分布なら，$0 \leq x \leq 1$ の範囲では $F(t \leq x) = x$ となります．

この累積分布関数を一階微分したのが確率密度関数であり，$f(x)$ と記述します．t が $[0,1]$ の一様分布なら，$0 \leq x \leq 1$ の範囲では $F(t \leq x) = x$ を微分して $f(x) = 1$ となります．この確率密度関数をある範囲で積分すれば，確率変数がその範囲の値を取る確率が得られます．例えば，t が $[0,1]$ の一様分布なら，t が 0.1 から 0.5 の間である確率は以下で与えられます．

$$\int_{0.1}^{0.5} 1 dx = \Bigl[x \Bigr]_{0.1}^{0.5} = 0.5 - 0.1 = 0.4$$

また，t の最小値を 0，最大値を t_{max} として，$y = g(x)$ で与えられる y の期待値は，$g(x)$ に $f(x)$ をかけて 0 から t_{max} の範囲で積分すれば求めることができ，以下のようになります．

$$\int_0^{t_{max}} g(x) \cdot f(x) dx$$

例えば，t が $[0,1]$ の一様分布のとき，t^2 の期待値は以下で計算できます．

$$\int_0^1 x^2 \cdot 1 dx = \left[\frac{x^3}{3} \right]_0^1 = \frac{1}{3}$$

この確率変数を用いて，先ほどの第一価格秘密入札でのベイジアンナッシュ均衡を計算してみましょう．とりあえず，相手の入札額 y が $[0, y_{max}]$ の一様分布だと仮定して，最適反応を求めます．y の分布関数は，$0 \leq y \leq y_{max}$ の範囲で，

4.7 様々なオークションプロトコル

y/y_{max} となり,確率密度関数は $1/y_{max}$ となります.相手の入札額を y として,自分の評価値を x,入札額を x' とします.明らかに $x' > y_{max}$ とするのは無意味ですので,$x' \leq y_{max}$ を仮定します.$y < x'$ なら自分の勝ちで,効用は $x - x'$ となります.y の分布関数は y/y_{max} なので,自分が勝つ確率は y が x' 以下の確率と等しく x'/y_{max} で与えられます.期待効用は $(x - x') \cdot x'/y_{max}$ となり,これは $x' = x/2$ のとき最大で,$x^2/4y_{max}$ となります.これより,評価値の半分を入札するのが最適反応となり,互いに評価値の半分を入札するのがベイジアンナッシュ均衡となることが導かれます.

次に,**オランダ型**と呼ばれるプロトコルを紹介します.

プロトコル:オランダ型

- 主催者は非常に高い付け値からスタートして,ある買手がストップと言うまで付け値を下げていく.

- ストップと言った入札者がその時点での付け値で落札.

第一価格秘密入札と同様に,オランダ型では支配戦略は一般には存在しません.どのような戦略を選べば良いかは,自分の対戦相手のタイプ,および対戦相手の用いる戦略に依存します.

オランダ型に関する興味深い性質として,戦略的に第一価格秘密入札と同値であるということが知られています.二つのプロトコルが戦略的に同値であるとは,二つのプロトコルに関して,必ず同じ結果をもたらす戦略のペアが存在するということです.これは何を意味するかというと,ゲームとして見た場合,この二つのプロトコルには本質的な違いがないということを意味します.これは一見,直感に反するような気がします.第一価格秘密入札ではまったく何の情報も与えられずに自分の入札値を決定しなければなりません.一方,オランダ型ではプロトコルの実行経過が観察できるので,プロトコルの実行中になんらかの情報が得られるはずです.情報なしで意思決定をしなければならない第一価格秘密入札と,

情報が得られる (かも知れない) オランダ型がなぜ同値になるのでしょうか?

この疑問を解決するには，オランダ型では実行可能なのだけれど，第一価格秘密入札では実現できない戦略が有り得るかを考えると良いでしょう．実際には，オランダ型でプロトコルの実行中に得られる情報は，使いみちがないのです．例えば，評価値が$8,000, $7,000, $6,000 の三人の参加者がいるとします．最初の付け値が$8,400 なら，この時点でストップという入札者はいません．$500 ずつ付け値が下がっていくとして，次の付け値が$7,900 になったとき，評価値が$8,000 の入札者は，ストップというべきか否かを悩むでしょう．今ストップと言えば確かに利益はあるのですが，もう少し待つともっと利益は大きくなります．悩んでいるうちに付け値が$7,400 になり，さらに悩んでいるうちに付け値が$6,900 になった時点で，評価値が$7,000 の参加者に先にストップと言われてしまうと，評価値が$8,000 の入札者は財を得ることができません (図 4.11)．結局，オランダ型でプロトコルの実行過程で得られる唯一の有益な情報は，$6,900 でストップと言った入札者がいるということだけなのですが，この情報が得られた時点でプロトコルは終了しているので，この情報を使うには手遅れです．$7,400 まででストップと言った入札者が存在しないという情報は，次の$6,900 でストップというべきか否かに関して，何も有益な情報を与えてくれないのです．

このオランダ型というプロトコルは，あまり一般にはなじみがないですが，オ

図 4.11 オランダ型オークションの例

ランダのアールスメールという，世界一の規模の生花市場で用いられています．そこでは時計のような付け値を表示する機械があり，参加者は手元のスイッチを押すことによりストップをかけることができます．オランダ型は機械仕掛を用いることにより，競り上げ式と比較して競りのスピードを速くできるのが利点となっています．

また，似たような状況として，衣料品はシーズン前にはサイズ，色等は豊富にあるのですが，定価で売られており，シーズンを過ぎてくると，だんだん1割引，3割引，半額セールというように値段が下がっていくのですが，自分の欲しいサイズや色が残っているとは限らないというのは，一種のオランダ型のオークションと考えることができます．

注意すべき点として，「オランダ型 (ダッチ) オークション」という名称は，国債等の公募入札においてまったく異なった意味で用いられることがあります．この方式は，後で説明する複数ユニットのオークションで，落札可能となった最低価格を落札者全員が払うもの (統一価格入札方式) に相当します．eBay等のインターネットオークションサイトでも，同様の意味でオランダ型オークションという名称が使われています．

4.8　どの方式が一番儲かるか？：収入同値定理

さて，これまでに紹介してきた四つのプロトコルの性質をまとめてみましょう．入札者の効用は個人価値であることを仮定します．オランダ型と第一価格秘密入札は戦略的に同値です．また，英国型とビックレー入札も支配戦略均衡での結果は同じです．また，いくつかの仮定のもとで，売手の収入の期待値は四つとも同じとなることを示したのが，ウィリアム・ビックレーの**収入同値定理**です [11]．収入同値定理は，ベイジアンナッシュ均衡が存在すれば，均衡点での収入の期待値が四つのプロトコルで等しくなることを示したものです．

以下，簡単な例で収入同値定理が成立することを確かめてみましょう．ここも少し難しい数学的な内容を含んでいますので，興味のない人は読み飛ばして下さい．

参加者が二人として，それぞれの評価値は $[0,1]$ の一様分布とします．第一価格秘密入札では，評価値の半分を入札するのがベイジアンナッシュ均衡です．第二価格秘密入札では，真の評価値を入札するのが支配戦略均衡です．では，それぞれの場合の，主催者の収入の期待値はどうなるでしょうか？ 収入の期待値を計算するのはちょっと面倒なので，代わりに参加者の期待効用を求めることにします．社会的余剰＝参加者 (入札者) の効用の和＋主催者の効用であり，また，どちらのプロトコルでも，均衡ではパレート効率的な割当てが実現されるので，社会的余剰は同じになります．よって，参加者の期待効用が同じなら，主催者の期待効用も等しくなるはずです．

　第一価格秘密入札，第二価格秘密入札のそれぞれにおいて，自分の評価値は x，相手の入札額を y とします．第一価格秘密入札では，評価値 x のプレイヤは $x/2$ を入札します．相手の入札額 y は $[0, 1/2]$ の一様分布ですので，確率密度関数は $f(y) = 2$ となります $(0 \leq y \leq 1/2)$．また，勝った場合の効用は $x - x/2 = x/2$ となります．勝つのは相手の入札額が $x/2$ 未満の場合ですので，期待効用は，$x/2 \cdot f(y)$ を，y が 0 から $x/2$ の範囲で積分することで得られます．

$$\int_0^{x/2} \frac{x}{2} \cdot 2 dy = \Big[xy \Big]_0^{x/2} = \frac{x^2}{2}$$

x は $[0,1]$ の一様分布ですので，期待効用は，平均的には，

$$\int_0^1 \frac{x^2}{2} dx = \left[\frac{x^3}{6} \right]_0^1 = \frac{1}{6}$$

となります．

　第二価格秘密入札では，相手の入札が y の場合，勝つのは自分の入札 x の方が大きい場合，すなわち $y \leq x$ の場合で，その場合の効用は $x - y$ です．y は 0 から 1 の一様分布で，確率密度関数は $f(y) = 1$ となります．期待効用は $(x-y) \cdot 1$ を，y が 0 から x の範囲で積分することで得られます．

$$\int_0^x x - y dy = \left[xy - \frac{y^2}{2} \right]_0^x = \frac{x^2}{2}$$

4.8 どの方式が一番儲かるか？：収入同値定理

上記により，第一価格秘密入札と第二価格秘密入札では，参加者の効用の期待値が等しくなることが確認できました．

また，以下のようにして収入の期待値を直接求めることもできます．第一価格秘密入札の場合は，均衡では互いに評価値の半分を入札するので，入札値は $[0, 1/2]$ の一様分布です．主催者の収入＝落札値は，大きい方の入札値です．一方，第二価格秘密入札の場合は，均衡では互いに真の評価値を入札するので，入札値は $[0, 1]$ の一様分布です．主催者の収入＝落札値は小さい方の入札値です．

$[0, 1/2]$ の一様分布である，二つの確率変数 t_1, t_2 の最大値を表す確率変数 t を考えましょう．t_1, t_2 の累積分布関数は，それぞれ $2x$ となります．t が x 以下となるのは t_1 が x 以下であり，かつ t_2 が x 以下である場合なので，t の累積分布関数は $2x \cdot 2x = 4x^2$ で与えられます．t の確率密度関数は，これを微分して $f(x) = 8x$ で与えられます．よって t の期待値は，以下の式で与えられます．

$$\int_0^{1/2} x \cdot 8x dx = \left[\frac{8x^3}{3}\right]_0^{1/2} = \frac{1}{3}$$

次に，第二価格秘密入札の場合は，$[0, 1]$ の一様分布である二つの確率変数 t_1, t_2 の最小値を表す確率変数 t を考えます．t_1, t_2 の累積分布関数は x であり，t が x 以下となるのは，t_1 が x 以下であるか，もしくは t_2 が x 以下である場合なので，この確率は，t_1 と t_2 が共に x より大きい確率を 1 から引くことによって得ることができ，t の累積分布関数は，$1 - (1-x)^2 = 2x - x^2$ で与えられます．t の確率密度関数は，これを微分して $2 - 2x$ で与えられます．よって，t の期待値は以下で与えられます．

$$\int_0^1 x(2-2x)dx = \left[x^2 - \frac{2x^3}{3}\right]_0^1 = \frac{1}{3}$$

よって，主催者の効用の期待値はどちらも $1/3$ となることが確認できました．

パレート効率的な割当てを行った場合，社会的余剰 (大きいほうの評価値) の平均は $2/3$ です．平均で主催者が $1/3$ (社会的余剰の半分) を得て，各プレイヤは $1/6$ ずつ (社会的余剰の $1/4$ ずつ) を得ることになります．

4.9　談合の影響

オークションにおける課題として，入札者の間の談合という問題があります．例えば，買手1の評価値が20で，その他の買手の評価値が最大で18の場合を考えましょう．英国型では，買手1は6を，その他は (いくらかの見返りの代償として) 5以下を入札するという談合が可能です．この場合，他の買手が談合破りをしようとしても，それはすぐに買手1に露見してしまい，買手1は対策 (入札値を増加すること) が可能です．また，第二価格秘密入札でも同様に，買手1は20，その他は5以下を入札するといった談合が可能で，1以外の買手にとって，談合を破っても利益を得ることは不可能です．

一方，第一価格秘密入札，オランダ型では，買手1が18以下を入札する場合，他の買手にとって談合破りは利益になり，買手1は談合破りに対する対策は不可能です (談合破りが露見した時点ではもう手遅れ)．主催者側から見れば，第一価格秘密入札およびオランダ型の方が，談合が成立しにくいので望ましいと考えることができます．

4.10　ビックレー入札の課題

さて，これまでの話では，第二価格秘密入札／ビックレー入札に関しては，談合の影響を除けば，良い点ばかりで特に欠点がないように思われます．第二価格秘密入札／ビックレー入札では支配戦略があり，真の評価値を入札することが支配戦略です (正直が最良の策)．また，支配戦略均衡では割当て結果はパレート効率的であり，また，結果はよく用いられている英国型と同じです．さらに，一回だけ入札すれば良いので，英国型よりプロトコルの実行は高速で，インターネット等で実行する場合に余分な通信が不要となります．また，収入同値定理により，他の一般的に用いられているプロトコルと比較しても，主催者の効用の期待値は同じであることが示されています．

しかしながら，第二価格秘密入札／ビックレー入札は，これまでのところ一般

に広く用いられるようにはなっていません．どうして第二価格秘密入札が用いられないのかを考えてみましょう．

　最も大きな理由として，プロトコルがわかりにくいということがあると思います．ゲーム理論の基礎を学べば，このプロトコルの優れた性質を理解することができますが，一般の人にプロトコルの良さを理解してもらうのはなかなか難しいものです．

　また，もう一つの理由として，個人価値の財であっても，自分の評価値を決めるのが難しいということがあります．私たちは色々な商品に関して，どちらがお買得かという相対的な価値判断は日々行っているので慣れていますが，ある商品に関して，そのものの絶対的な価値，それ以上は出したくないぎりぎりの金額というのを考えることはほとんどないでしょう．

　また，主催者が信用できない場合には，このプロトコルを用いることが難しくなります．例えば，もう一つ信用できるかわからないインターネットオークションのサイトがあり，そのサイトは第二価格秘密入札を用いると言っているとします．欲しい商品があって，自分のぎりぎりの評価値が100万円だったとします．そこで，正直が最良の策だから100万円を入札したとした場合，いきなりオークションサイトから次のような連絡があったとしたらどう思うでしょうか？

　"おめでとうございます！あなたが最高値で落札しました．つきましては，二番目の入札は99万9999円ですので，99万9999円お支払頂きます．"

　この場合，そのちょっと怪しいオークションサイトが，ありもしない二番目の入札をでっちあげて，自分からできるだけお金をまきあげようとしているという疑念を持つのが自然でしょう．

　同じような問題点として，英国型ではさくら入札という問題点がありますが，さくら入札では誤ってさくらが落札してしまうという危険性があるのに対し，第二価格秘密入札での主催者による入札のでっちあげは，そのような危険性がないのでより深刻だと考えられます．

　また，もう一つの理由として，場合によっては真の評価値というのが企業にとって重要な機密情報で，できれば外に出したくないという場合があることが考えら

れます．例えば，公共事業の入札を第二価格秘密入札を使って行うことを考えましょう．この場合は，通常の入札と売手と買手の関係が逆になっており，政府等の，サービスの受手である買手が一人だけいて，サービスの提供側／売手である企業が複数存在します．各企業は，サービスを請け負ってもよい金額を入札し，最も低い金額を提示した企業が落札します．第二価格秘密入札を使う場合，落札した企業が受け取る金額は，自分の提示した金額ではなく，提示された二番目に低い金額を受け取ることになります．

この場合，各企業にとっての支配戦略は，真のコストを提示することになります．落札した場合に受け取る金額は，必ず真のコスト以上になるので，赤字になることはないことが保証されます．しかしながら，真のコストは企業にとっては機密情報で，明らかにすることは望ましくありません．例えば，そのような情報が漏れてしまうと下請企業との交渉等で不利になることが考えられます．

4.11　正直が最良の策？：誘因両立的なプロトコル

さて，第二価格秘密入札のような，正直が最良の策であるプロトコルのことを，**誘因両立的なプロトコル**と呼びます．正確には，参加者のタイプ，オークションであれば評価値をダイレクトに聞くプロトコル／メカニズムのことを**直接顕示メカニズム**と呼びます．直接顕示メカニズムにおいて，真のタイプ／評価値を申告することが支配戦略となる場合，この直接顕示メカニズムは誘因両立的であると言います．

集団意思決定のメカニズムに関して，**顕示原理**と呼ばれる性質が知られています．

顕示原理

- ある性質 (例えばパレート効率性) が，ある (直接顕示メカニズムでない) メカニズムの支配戦略均衡で実現される場合，この性質は誘因両立的な直接顕示メカニズムでも実現できる．

4.11 正直が最良の策？：誘因両立的なプロトコル

　顕示原理の意味することは，集団意思決定のメカニズムで実現可能なことを考える場合，理論的にはすべてのメカニズムを考える必要はなく，誘因両立的な直接顕示メカニズムだけを考慮の対象としても一般性は失われない，すなわち，実現可能なことが減少することはないことを意味しています．

　顕示原理の成立する具体例を考えてみましょう．英国型では支配戦略均衡が存在して，結果はパレート効率的です．顕示原理によれば，英国型とまったく同じ結果をもたらす直接顕示メカニズムが存在することになります．そのような直接顕示メカニズムはどのようなものでしょうか？ インターネットオークションのサイトのほとんどでは英国型のプロトコルが用いられていますが，プロキシィ (代理人) 入札と呼ばれる機能を備えていることが多いです．これは，ずっとそのサイトの状況を監視して入札するのが面倒である場合に，参加者が入札額の最大値を入力しておくと，後はソフトウェアが自動的に入札を行ってくれるというものです．この場合，参加者はこのプロキシィ／代理人に対して嘘をつく誘因はなく，真の評価値を入力することが支配戦略となります．ここで，プロキシィ／代理人もメカニズムの一部と思えば，この直接顕示メカニズムは誘因両立的であり，結果は英国型と全く同じとなります．

　顕示原理が成立することの証明について，もう少し詳しく説明します．ある (直接顕示メカニズムでない) メカニズムがあり，そのメカニズムに支配戦略均衡が存在するとします．

　例えば，あるオークションプロトコルで，評価値の 90% を入札することが支配戦略均衡で，このプロトコルがパレート効率的である (最も入札額の大きい入札者が落札する) と仮定しましょう (図 4.12)．

　このメカニズムとまったく同じ支配戦略均衡を実現する誘因両立的な直接顕示メカニズムを，以下のように構成することができます．そのようなメカニズムは，基本的には元のメカニズムと同じなのですが，若干違う点として，参加者とメカニズムの間に，先ほどの例と同様に代理人が入ります (図 4.13)．この代理人は参加者のタイプ，この場合は真の評価値を尋ねて，参加者が申告したタイプに従って元のメカニズムでの支配戦略を用います．代理人は自分の代わりに支配戦略を

88 第4章 オークションの基礎

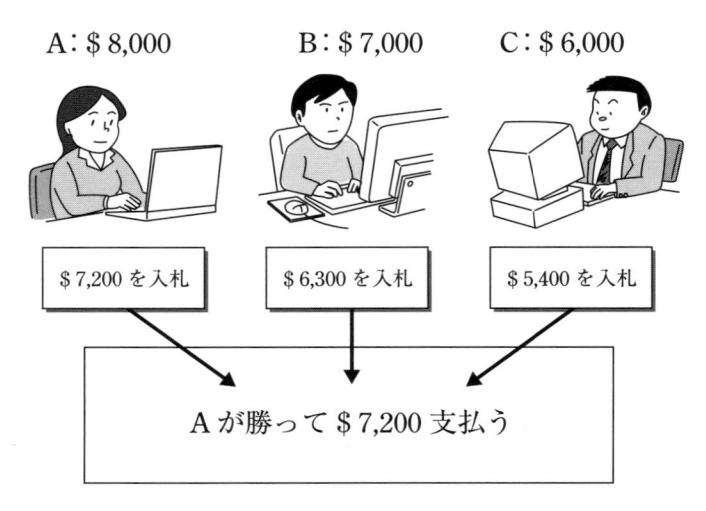

図4.12 支配戦略均衡のあるメカニズム

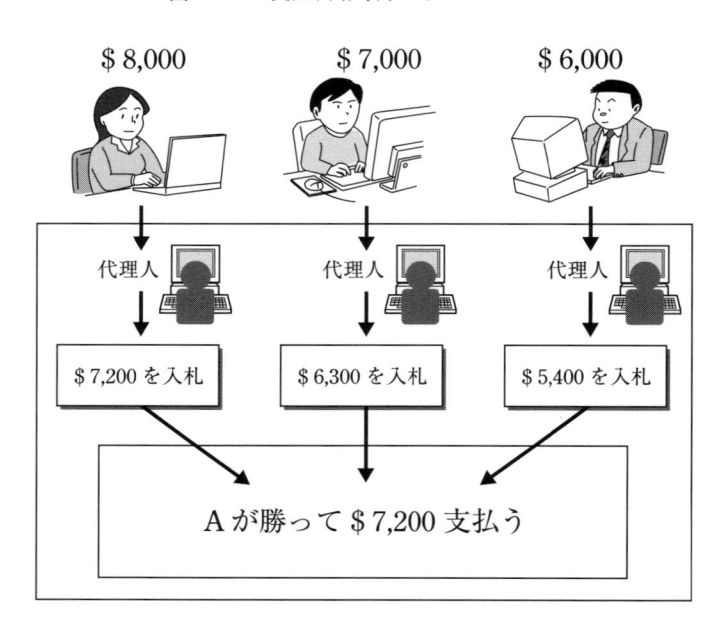

図4.13 対応する直接顕示メカニズム

取ってくれるのですから，参加者は代理人に嘘をつく誘因はありません．図4.13で，この代理人もメカニズムの一部と考えると，新しいメカニズムは直接顕示メカニズムであり，誘因両立性を満たします．また，支配戦略均衡で得られる結果は元のメカニズムとまったく同じになります．

顕示原理によれば，直接顕示メカニズムに限定しても一般性は失われないので，どうせなら一回の入札で終わって，余計な通信が不要な直接顕示メカニズムを用いた方が効率的なように思われます．しかしながら，一般には，直接顕示メカニズムでないメカニズムの方が広く用いられています．この理由はビックレー入札の問題点と共通しており，例えば，個人価値の場合でも，自分の評価値がわからないということがあります．直接顕示メカニズムだと自分の評価値を直ちに決定しないといけないのですが，英国型ならば，プロトコルの実行過程で段階的に考えれば良いことになります．また，自分が勝者となる場合には，評価値を厳密に決定しなくても良いことになります．評価値＝原価を知られたくない場合にも，この性質は望ましいものとなります．

4.12　呪われた勝者：勝者の災い

さて，個人価値でなく共通価値の場合を考えてみましょう．共通価値の場合であっても，オランダ型と第一価格秘密入札が戦略的に同値であることは成立します．一方，英国型とビックレー入札の結果は異なる可能性があります．具体的には英国型の方が，入札の過程で得られる情報を使って真の価値の推定値を修正することができます．例えば，絵画のオークションに出品されているものが，ある有名な画家の作品かもしれないし，まったくの偽物かも知れないという状況を考えます．参加者は真の価値に対して異なる推定値を持っているわけですが，このオークションの途中で，非常に名の知れた批評家が，値段がちょっと上がったところで興味を失って退席してしまったとしたら，おそらく偽物だろうと推測することができます．

共通価値のオークションでは，**勝者の災い** (winner's curse) と呼ばれる現象が

```
    ○ ───────────── ○ ───────────── ○
  −100            真の値           +100
```

図4.14 勝者の災い

生じる場合があります．財の価値が個人の価値観のみで決まる個人価値の場合と異なり，共通価値の場合には，特別に良い情報を持っていない限り，最も楽観的な，誤った推定値を持った入札者が勝者となります．このため，自分の推定値の近くまで入札値を釣り上げると，期待利得が負になる可能性が生じます．以下に簡単な例を示します．

二人の買手が，第一価格秘密入札をする状況を考えます．また，各買手の持つ推定値は，楽観的で真の値より100多い値となっているか，悲観的で真の値より100少ない値となっているかのいずれかで，確率はそれぞれ1/2とします（図4.14）．各買手は，自分の推定値がこのような確率で選ばれていることを知っているが，自分の推定値が実際には±100のどちらかなのかに関してはわからないとします．ここで，以下のような考えを持つ買手はどのような結果を得るでしょうか？

> 自分の推定値は，楽観的か悲観的のどちらかだが，平均的には正しい．よって，自分の持っている推定値から40減らした値を入札すれば，勝った場合の期待利得は40になる．

残念ながら，この予想は正しくありません．二人の買手の推定値の可能な組合わせは4通りです．また，入札値が同じ場合はコインを投げて，ランダムに勝者を決めるとします．相手も同じ戦略を取っている場合，自分が確実に勝つ状態は1通り，すなわち図4.14で自分が+100，相手が−100の場合で，確率1/4で利益−60となります（真の価値より60高い値段で買ってしまうため）．一方，同点の場合は2通りで，コイン投げをするため，確率1/8で利益−60，1/8で+140を得ることになります（図4.14で双方とも−100の場合は，真の価値より140低い値段で買える）．この結果，（負ける場合も含めた）期待利得は以下で与えられ

ます．

$$-60 \times \frac{1}{4} - 60 \times \frac{1}{8} + 140 \times \frac{1}{8} = -5$$

この結果，期待利得は -5 となり，期待値は負となってしまいます．上式をまとめると，勝つ確率は $1/2$ で，勝った場合の期待利得は -10 です．上式の 2 番目の項と 3 番目の項だけを考えれば，確かに勝った場合の期待利得は 40 なのですが，実際には 1 番目の項が効いて期待利得は負になります．最初の予想は，自分の推定値が楽観的な場合に，勝つ確率が高くなることを考慮していなかったので間違っていたのです．

入札者の数が増えれば事態はもっと深刻になります．入札に勝つのは推定値が大き過ぎた場合のみとなり，勝った場合の期待利得は -60 に近づくでしょう．また，慎重さに欠ける買手 (例えば推定値 -10 を入札する等) を相手にしている場合にも，同様に期待利得は小さくなります．直感とは異なり，積極的な入札をする相手には，自分はより消極的にならないと，期待利得を正にすることはできません．

勝者の災いという現象は，不動産には掘り出し物はないといった一般的な常識と一致しています．不動産の価値は各個人によって多少の違いはあるにしても，基本的には共通価値と考えることができるでしょう．勝者の災いを考えれば，掘り出し物の物件を見つけたと思ったときには，何か重要な情報を見落としている可能性が高いと考えた方が良いことになります (例えば，物件を見に行った日にはシャッターが閉っていた隣の家が，実は暴力団の事務所であった等)．

勝者の災いに関連して，以下のようなクイズを考えましょう．

クイズ：勝者の災い

- あなたは投資家で，会社 A を買収しようと考えている．

- 会社 A の価値 v_A に関して，正確な値はわからないが，$[0, 100]$ の一様分布であることはわかっている．

- 会社 A を買収すると，その価値を 50% 増やして転売できる．
- 買収価格 b を提示すると，会社 A の持ち主は $b > v_A$ なら買収に同意する (当然持ち主は真の値を知っている)．
- 価格 b で購入した場合のあなたの利益は $1.5 v_A - b$ となる．
- 買収価格 b としていくらを提示すべきか?

よくある答として，会社の価値は平均的には 50 で，75 に価値を高めて転売できるのだから，買収価格として 75 以下を提示すれば，平均的には損はしないというのがありますが，これでは勝者の災いにひっかかってしまいます．あなたが b を提示すると，持ち主は $b > v_A$ の場合にのみ買収に同意します．持ち主が買収に同意すると仮定した場合，v_A は $[0, b]$ の間の一様分布となり，平均的には A の価値は $0.5b$ です．あなたは価値を $0.75b$ に増やして転売できますが，この場合の利益は $-0.25b$ となり，b をどんな正の値に選んでもマイナスなので，$b = 0$ とする，すなわち買わない方が良いということになります．

4.13　複数属性オークション／調達

　公共事業の入札や調達といった場面では，買手／サービスの受手が一人で，売手／サービスの供給側が複数存在します．買手と売手の立場が入れ替わっただけなので，理論的には通常のオークションと変わらないと考えることもできますが，実際には通常の商品のオークションと異なる点がいくつかあります．特に問題になる点として，販売する商品がすでに存在する通常のオークションと違い，サービスはこれから生産され供給されるものであることがあります．サービスに関する評価基準としては，コストのみでなく，さまざまな品質や納期等が問題となってきます．複数の異なる売手が供給するサービスを，まったく同じ品質であるとみなすことには無理があります．

4.13 複数属性オークション／調達

調達や公共事業の入札で談合が多発していることが指摘されています．もちろん談合は良くないことなのですが，談合が生じる一つの原因として，本来は品質に多様性のあるサービスに関して，コストという単一の尺度で評価を行っていることがあると思われます．単純にコストだけで評価されてしまうと，可能な限り他の品質を落としてコストを削減した業者のみが勝者となってしまいます．それでは他の業者はやっていけないので，談合によって共存を図ろうとします．一方，多様な品質，さらにはその業者が環境に配慮しているとか，地域社会に貢献しているなどのファクタも考慮に入れて勝者を決定すれば，また，買手の側の評価基準も多様であれば，談合なしでも多くの業者が生き残っていけることが予想されます．

以下，多様な品質を考慮したオークションの実現方法について検討します．この節の内容は，文献 [9] に示されているモデルを簡単化したものです．

政府や地方自治体等の買手が，あるサービスに関する入札を行うとします．サービスの品質を表すパラメータを q とします．q は単一のスカラー値である必要はなく，様々なファクタを表すベクトルであって構いません．サービスの品質が q である場合の，買手のコストを除いた満足度を $v(q)$ で表します．買手の効用に関しては準線形であることを仮定し，品質 q のサービスを受けて，価格 p を支払った買手の効用は $v(q) - p$ であるとします．

一方，サービスの供給側／売手は異なるタイプを持ち，このタイプがコストに影響するとします．売手 i のタイプは $\theta_i \in \Theta$ であるとし，タイプが θ_i の売手 i が，品質 q のサービスを供給するコストは関数 c を用いて，$c(\theta_i, q)$ であるとします．売手の効用に関しても準線形であることを仮定します．すなわち，タイプが θ_i で，品質 q のサービスを供給してサービスを供給するためのコスト $c(\theta_i, q)$ を負担し，報酬として p を受け取った売手の効用は $p - c(\theta_i, q)$ であるとします．

社会的余剰を最大化するためには，売手と買手の効用の総和が最大化されればよいので，以下の式を最大化するような売手 i およびサービス品質 q を見つければ良いことになります．

$$v(q) - c(\theta_i, q)$$

以下に示す，ビックレー入札を若干変形した方法を用いれば，売手にとって正直に行動することが支配戦略となり，支配戦略均衡で社会的余剰が最大化されることが保証できます．

複数属性の調達プロトコル

1. 政府／買手は関数 $v(q)$ を公開します．すなわち，政府は調達においてどのファクタをどの程度考慮するかを明確にします．ここでは買手は正直に行動することを仮定します．

2. 各企業／売手 i は，$v(q) - c(\theta_i, q)$ を最大化するサービス品質 q_i を求めます．$b_i = v(q_i) - c(\theta_i, q_i)$ として，(b_i, q_i) のペアを入札します．

3. 政府／買手は，最大の b_i を与える売手 i^* を落札者とします．この時のサービス品質を q_{i^*} とします．

4. i^* に対する支払額 p を以下のように計算します．$p = v(q_{i^*}) - b_{2nd}$．ここで，b_{2nd} は，二番目に大きい b_i の値です．

簡単な例を示します．本来なら品質は様々な属性を表すベクトルなのですが，簡単のため，サービスは高品質 (High) か低品質 (Low) の二通りしかないとします．$v(H) = 10$，$v(L) = 5$ とします．また，企業 1 は，高品質のサービスをコスト 5 で供給でき，低品質のサービスはコスト 3 で供給できるとします ($c(\theta_1, H) = 5$，$c(\theta_1, L) = 3$)．一方，企業 2 は，高品質のサービスをコスト 8 で供給でき，低品質のサービスはコスト 1 で供給できるとします ($c(\theta_2, H) = 8$，$c(\theta_2, L) = 1$)．

企業 1 は，$v(H) - c(\theta_1, H) = 5$，$v(L) - c(\theta_1, L) = 2$ なので，$(5, H)$ を入札します．企業 2 は，$v(H) - c(\theta_2, H) = 2$，$v(L) - c(\theta_2, L) = 4$ なので，$(4, L)$ を入札します．

ここで，勝者は企業 1 となります (企業 1 が高品質のサービスを提供した場合に社会的余剰が最大化されるため)．企業 1 への支払額は，b_{2nd} が 4 なので，

4.13 複数属性オークション／調達

$p = v(H) - b_{2nd} = 10 - 4 = 6$ となります。政府の効用は，$v(H) - p = 10 - 6 = 4$ であり，企業 1 の効用は $p - c(\theta_1, H) = 6 - 5 = 1$ となります。

このプロトコルでは，売手 i にとって正直が最良の策，すなわち $q_i = \arg\max_q v(q) - c(\theta_i, q)$ および $b_i = v(q_i) - c(\theta_i, q_i)$ を入札することが支配戦略となります．この理由は以下の通りです．まず，勝者の i^* に関して，正直に行動することが支配戦略であることを示します．参加者の効用が準線形であるという仮定により，勝者 i^* の効用は以下のように記述されます．

$$p - c(\theta_{i^*}, q_{i^*}) = v(q_{i^*}) - b_{2nd} - c(\theta_{i^*}, q_{i^*})$$
$$= [v(q_{i^*}) - c(\theta_{i^*}, q_{i^*})] - b_{2nd}$$

この式の二番目の項は，i^* の入札とは無関係に決定されるものであり，結局，この一番目の項が最大化されるときに，i^* の効用が最大化されることになります．一番目の項，すなわち $v(q_{i^*}) - c(\theta_{i^*}, q_{i^*})$ は，q_{i^*} を $v(q) - c(\theta_i, q)$ を最大化するように選べば，すなわち，正直に行動すれば最大化されます．

次に，正直に行動した場合に勝者となれなかった売手 j に関しては，嘘をついても正の効用は得られないことを示します．売手 j が嘘の申告 (b'_j, q'_j) をして勝者になり，b_{i^*} が二番目に大きくなったとします．正直に行動した場合に j が勝者でなかったことから，$b_j < b_{i^*} \leq b'_j$ が成立します．

売手 j の効用は，以下で与えられます．

$$p_j - c(\theta_j, q'_j) = v(q'_j) - b_{i^*} - c(\theta_j, q'_j)$$
$$= [v(q'_j) - c(\theta_j, q'_j)] - b_{i^*}$$

$b_j = \max_q v(q) - c(\theta_j, q)$ であることから，一番目の項は b_j よりも小さくなります．また，$b_j < b_{i^*}$ であることから，売手 j の効用は必ず負となります．このため，j には嘘の申告をして勝者となる誘因はありません．これらのことより，このプロトコルでは正直が最良の策となることが導かれます．

また，このプロトコルでは売手，買手とも，効用は非負であるという個人合理性が保証されます．売手に関しては，勝者とならなければ効用は 0 です．また，勝

者となった i^* の効用は以下で与えられます.

$$[v(q_{i^*}) - c(\theta_{i^*}, q_{i^*})] - b_{2nd} = b_{i^*} - b_{2nd}$$

明らかに i^* が勝者であることから, 一番目の項は二番目より大きく, i^* の効用は非負となります.

また, 買手の効用は以下で与えられます.

$$v(q_{i^*}) - p_{i^*} = v(q_{i^*}) - [v(q_{i^*}) - b_{2nd}]$$
$$= b_{2nd}$$

ここで, サービスが提供されないことを $q = q_0$ として, $v(q_0) = 0$ と考えれば, $v(q_0) - c(\theta_j, q_0) = 0$ が成立し, b_{2nd} は非負となります. よって, 買手の効用も非負であることが示されます.

4.14 怪しい商品？：情報の非対称性

インターネットオークションでは, あらかじめ入札可能な期間が限定されていますが, よく観察される現象として, 最初のうちは全然入札がなく, 締切間際になって入札が殺到するということがあります. 最後になって高めの入札をして商品を得ることを**スナイピング**と呼びます.

インターネットオークションは基本的には英国型ですので, 個人価値の場合の支配戦略は少しずつ競り上げていくことです. 最後まで待って入札した場合, 自分の入札が時間切れで受け付けてもらえなかったり, 他の人の入札の方が高くて商品が得られなくなったりするリスクがあります. 支配戦略が存在するにも関わらず, なぜこのような最後の瞬間の入札 (last minute bidding) が多いのでしょうか？ この現象の一つの説明として, 参加者は自分がオークションされている商品を高く評価しているということを, なるべく他の人に知らせたくないということが考えられます.

簡単な例として, ある絵がオークションにかけられている状況を考えましょう (図 4.15). その絵は, 非常に有名な画家の若いころの作品であるという可能性が

図4.15 真贋が不明な絵のオークション

高いのですが，まったくの偽物である可能性もあります．オークションの主催者も，その絵が本物であるか偽物であるかはわからないとします．一方，オークションの参加者の中には，絵画の鑑定のエキスパートが何人かいて，これらのエキスパートはその絵の真贋が鑑定できるものとします．また，オークションの参加者の多くは絵の鑑定に関しては素人で，本物なら高く買っても良いが，偽物なら二束三文だと思っているとします．このような状況においてエキスパートは，絵が本物だとわかっている場合，絵が本物だという事実を隠し通せば，多くの素人と競争することなく，比較的安値で絵を落札できる可能性があります．

この例題と同様に，インターネットオークションでは，売りに出されている商品の品質，あるいは売手の信頼度に関して不確実性があると考えられます．誰かがオークションで入札値をつり上げると，そのことが商品の品質，もしくは売手の信頼度に関して他の参加者に情報を与え，様子見をしていた参加者が入ってきて入札値がさらに上がって競争が始まるが，誰も入札値を上げようとしないと，いつまでたっても競争が始まらないことが予想されます．

表4.3 エキスパートに与える効用

	他に本物だと言ったエキスパートがいる (裏切り)	他に本物だと言ったエキスパートがいない (協力)
絵が本物だと言う (裏切り)	絵は本物と判断し，素人も含めて競争 (あまり良くない結果)	このエキスパートに絵を最安値で売る (最良の結果)
絵は偽物だと言う (協力)	このエキスパートはオークションから除外 (最悪の結果)	絵は偽物として，素人も含めて競争 (まあまあ良い結果)

　この例題，あるいはインターネットオークションでは，商品の品質 (もしくは売手の信頼度) を判断できるエキスパートと，その他の素人というように，持っている情報が対称でない，異なるタイプの入札者が存在すると考えることができます．このような状況では，エキスパートはなるべくなら商品の品質に関する情報を素人に対して明らかにしたくないと考えるはずですが，エキスパートに商品の品質に関する情報を正直に申告させて，社会的に望ましい割当てを実現する方法が考えられるでしょうか？

　以下に，文献 [5, 17] で示されている方法について概略を示します．前提として，絵の真贋を判断できるエキスパートは複数存在すると仮定します．この方法のエッセンスは，エキスパートを囚人のジレンマのような状況に追い込むということです．エキスパートは，絵が本物である場合に，エキスパート間で協調して絵が偽物だと言うことを協力とし，他のエキスパートを裏切って絵が本物だと言ってしまうことを裏切りとします．オークションの主催者は，誰がエキスパートかはわからないとします．エキスパートかどうかは自己申告で，エキスパートは自ら望めば，自分はエキスパートであること，絵の真贋，および自分の評価値を申告することができます．自分がエキスパートだと申告した人に与える効用は表4.3の通りとします．

　これは囚人のジレンマと同様な構造になっており，各エキスパートにとっては裏切ることが支配戦略となっています．このため合理的なエキスパートは，自分

がエキスパートであることを自己申告し，正しく商品の品質を申告します (偽物を本物と偽ることがないことを保証するためには若干の工夫が必要です)．素人は，絵が本物ならいくら払い，偽物ならいくら払うという条件付きの入札を行います．複数のエキスパートが正直に行動した場合，素人にとっても正直に行動することが最適反応となり，商品の割当て結果はパレート効率的であることが保証されます．

4.15　クイズ：大は小を兼ねる？の解答

ほとんどの参加者にとって正直は最良の策なのですが，勝者および二番目に高い評価値を持つ参加者にとっては，正直が最良の策とならない可能性があります．例えば，評価値が\$8,000, \$7,000, \$6,000の三人の参加者がいる場合，三番目の参加者はどうやっても正の効用を得ることはできませんが，勝者の支払額が\$6,000ならば，二番目の参加者は，一番目の参加者が勝つことを不満に思うはずです．もし二番目の参加者が，自分の評価値を\$8,001と偽って申告すれば，自分が勝者になり，かつ支払額は\$6,000のままなので，正の効用を得ることができます．一方，二番目の参加者が嘘をつく可能性があるなら，一番目の参加者も負けるわけにはいかず，結局二人の参加者の間で果てしない評価値のつり上げが行われてしまいます．

一方，まったく同じ商品が二つあり，勝者が二人存在する場合には，上位二人が落札し，支払額は三番目に高い評価値とすることで，ビックレー入札と同様に誘因両立性を保証することができます．

第5章

オークションの発展：組合せオークション／ダブルオークション

5.1　組合せオークションとは？

　これまで紹介してきたオークションプロトコルでは，販売される商品が一つだけの場合を想定していました．同じ種類の商品が複数個販売される場合を，複数ユニットオークションと呼びます．複数ユニットオークションにおいて，各参加者が単一のユニットのみを必要とする場合は，これまでに示した四種類のオークション方式に簡単な変更を施すことにより取り扱うことが可能です．例えば，第二価格秘密入札は，財が M ユニット存在する場合，最も高い入札者から M 番目までの入札者が財を落札し，$M+1$ 番目に高い入札額を支払うという方法 (M+1-st price auction) により，第二価格秘密入札と同様に，自分の評価値を入札するのが支配戦略となることが保証されます．一方，M 番目の価格を支払う方式は統一価格入札方式，もしくは M-th price auction と呼びます．

　一方，各参加者が複数のユニットを必要とする可能性がある場合は，次に示す複数財のオークションと同様，複数ユニットの価値の間の依存関係が問題となります．

　異なる種類の商品が同時に販売されるオークションを，組合せオークションと呼びます．各商品が複数ユニット存在する場合も考えられます．組合せオークションでは，商品の価値の間に依存関係が存在する場合があります．例えば，パソコンとメモリのように，メモリだけでは無価値で，また，メモリが極端に少ないパソコンは使い勝手が悪いというように，同時に所有することで個々の価値の和よりも大きくなる場合を**補完的な関係**と呼びます．一方，新しいパソコンが必要で，

A社の商品かB社の商品のどちらかが欲しいのだけれど，別に二台同時に必要ではないといった場合は**代替的な関係**と呼びます．

　財の価値に依存関係がある場合には，個々の財の価値は単独では決められないことになります．パソコンがなければメモリは無価値ですし，A社のパソコンが得られればB社のパソコンは不要となります．このような場合に，商品がバラバラに売られていると，入札額を決めるのが困難となります．組合せオークションでは，商品が両方欲しい，あるいはどちらか片方だけ欲しいというように，商品の任意の組合せに対する入札を許すことにより，安心して入札ができるという利点があります．

　組合せオークションが有効な事例として，例えば空港での離発着権の割当て(離陸した飛行機は目的地で着陸する必要がある)，トラック配送の請負(空荷で帰るのは無駄)等があります．また，組合せオークションに関して，特に近年注目を集めた事例として，米国の連邦通信委員会(FCC)による無線周波数帯域の使用権のオークションがあります．FCCは日本の昔の郵政省の電波管理局に相当する組織で，アメリカ国内の無線電波に関する免許を発行しています．従来は公聴会や抽選等によって免許を発行していましたが，免許発行後の権利譲渡や，不要になってしまった周波数帯域の非有効利用等の問題がありました．公共の財産である周波数帯域の効率的かつ迅速な運用を行うため，1994年よりオークションによって無線免許を与える方針となりました．FCCのオークションプロトコルの設計には多数の経済学者が参加しており，オークションの理論的研究を活発化させるエポックメーキングな出来事となりました．周波数帯域の利用権に関しては，明らかに商品の価値の間に依存関係が存在します．例えば，ある地域の周波数帯域の利用権を獲得することは，隣接する地域の周波数帯域の利用権の価値を増大させます．すなわち，隣接する地域の周波数帯域には補完性が存在します．

　また，調達といった場面でも組合せオークションが有効だと考えられます．調達では，買手は一人で，複数の売手が存在し，最も安い価格を提示した売手が落札します．調達でよく問題になるのが一円入札と呼ばれるもので，以降の調達で有利になるように，一円で入札するといった，採算を度外視した入札を行うこと

が問題となっています．例えば，コピー機の入札において，それ以降の消耗品やメインテナンスで利益を得ることを見越して，コピー機本体は一円で入札するといった事例が生じています．このような問題は，関連する複数の調達，例えばコピー機の調達であれば，コピー機本体，消耗品，メインテナンス等を組合せ入札で実行することにより改善することが可能です．大手の業者は，全体のサービスをパッケージで安価で提供しようとするでしょうし，一方，本体のみ，あるいは消耗品のみを格安で提供できる業者，メインテナンスに特化した業者等が集まって，大手の業者よりも安く全体のサービスが提供できる可能性もあります．組合せ入札を用いれば，コピー機本体のみに一円で入札することは無意味となります．

5.2 誰が勝者？：勝者決定問題

一方，組合せオークションでは，参加者は任意の商品の組合せに入札できるので，オークションの勝者は複数存在することになり，勝者を決めることが複雑な制約最適化問題となります．

以下のような例を考えましょう．商品は A, B, C の三種類で，1, 2, 3, 4, 5 の 5 人の買手がいるとします．簡単のために，ある一人の買手は，ある一つの商品の組合せのみに入札しているとします．

組合せオークションの例

- 入札者 1: (A, B) に $40

- 入札者 2: (B, C) に $50

- 入札者 3: (C) に $30

- 入札者 4: (A, C) に $60

- 入札者 5: (A) に $10

売手は，入札額の和が最大化されるように商品の割当て方法を決定する必要があり，これを**勝者決定問題**と呼びます．

この例では入札者 1 と入札者 3 が勝者となると，入札値の合計が$70 で最大となります．勝者決定問題は，数学的には**重み付き集合詰込問題** (Weighted Set Packing 問題) と呼ばれる問題として表現でき，**NP 完全**と呼ばれる問題のクラスに属します．

NP 完全な問題の意味するところは，簡単には以下の通りです．まず，NP (Non-deterministic Polynomial) と呼ばれる問題のクラス／集合を考えます．これは，ある条件を満たす解，例えば入札額の合計が$60 以上の組合せを求めたい場合に，解かどうかのチェックは高速に，正確には，入力のサイズを示すパラメータ n (例えば入札の数) に関する多項式時間でできる問題の集合を意味します．NP に含まれる問題には，簡単な問題から難しい問題まで色々なものが含まれていますが，NP 完全と呼ばれる問題のクラス／集合は，NP の中で最も難しい問題の集合のことで，NP 完全な問題のいずれかが n に関する多項式時間で解けるとしたら，クラス NP のすべての問題は多項式時間で解けることになります．

このため NP 完全な問題は，おそらく多項式時間で解くことは不可能で，最悪の場合の計算時間は，n に関して指数的であることが予想されます．NP 完全な問題に関しては，直接解を求めるような方法は一般には存在せず，試行錯誤的な探索が不可欠となります．

指数的な計算時間が必要ということは，いわゆる鼠算的に計算に必要な時間が

表5.1 計算時間の指数的な増加

$n = 10$	10 万分の 1 秒
$n = 20$	100 分の 1 秒
$n = 30$	11 秒
$n = 40$	3 時間
$n = 50$	130 日
$n = 60$	365 年
$n = 70$	37 万年
$n = 80$	4 億年

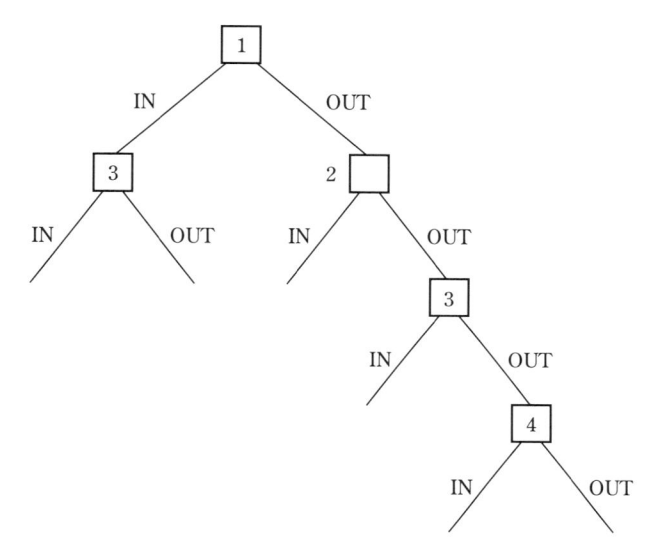

図 5.1 勝者決定問題の探索木

増えていくということです．例えば，チェックすべき組合せの数に比例して増加する計算時間が 2 の n 乗である場合に，一秒に一億回の計算／チェックができる計算機を用いた場合の計算時間は表 5.1 のようになります．n が二倍になった場合に，計算時間は二倍よりはるかに速いスピードで増加していきます．

正統派の数学者や計算機科学者であれば，問題が NP 完全であることがわかれば満足し，解けないのだから解くのは諦めるというのが正しい態度ですが，(私を含む) 人工知能等の非正統派の研究者は諦めが悪く，現に困っている問題はなんとかしようと努力します．問題が NP 完全であることは，最悪ケースの計算量が指数的であることを言っているだけであり，平均的には，また現実的なサイズの問題ではなんとか我慢できる時間で解けるかもしれないからです．

さて，勝者決定問題を解くために，図 5.1 に示す探索木を考えます．ここでは，木の各ノードが入札／買手に対応し，その買手を勝者とする (IN) かしないか (OUT) を選択します．

この探索木での端点は，一つの可能な商品の割当て方法を示しており，勝者決

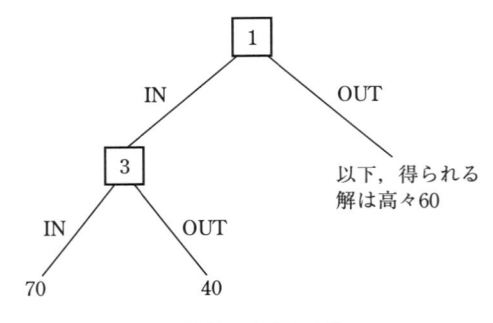

図 5.2 分岐限定法

定問題を解くことは，入札額の合計を最大化する端点を見つけることを意味します．大規模な問題では探索木のすべてをチェックすることは不可能ですので，探索木の全体をチェックしないで，最適解を得ることが必要となります．あるノードにおいて，今後どのくらいの品質の解が得られるかの楽観的な推定値が得られれば，探索木の全体をチェックしないで最適解を得ることが可能です．このような手法を**分岐限定法**と呼びます．例えば，図 5.2 の根ノードから左側を探索すると入札額の合計が 70 の解が得られます．次に右側を探索する場合に，右側では，どう甘く見積もっても，得られる解は高々 60 にしかならないということが事前にわかれば，右側の探索を打ち切って最適解は 70 であることがわかります．

このような，楽観的な推定値を求める方法として，一般的な最適化手法である線形計画法を使うことが考えられます．線形計画法を用いれば高速に解が得られるのですが，その際には，入札者 1 と 2 がある財を半分ずつ分けるというような半端な解が得られてしまいます．線形計画法では，財は分割できないという元の問題の制約を緩めた，より簡単な問題を解いているので，楽観的な推定値が得られることになります．

分岐限定法に基づく木探索を高速化するためには，様々な工夫が必要となります．例えば，木を構成する際に，どの入札から考えていくかの順序が探索の効率に影響を与えます．この順序を決定する際に，他に対する影響の大きい，なるべく入札額の大きいものから考えていくことが有効であることが知られています．

また，ある入札を採用するかしないかを決定した後に，残りの問題が独立な副問題に分割できるなら，その入札を先に考えるといった方法が提案されています．例えば，東京と大阪の周波数帯域の入札において，東京と大阪の両方に入札している事業者が一社のみである場合を考えましょう．この場合，まず，その会社の入札を採用するかしないかを考えれば，残りの問題は東京に関する問題と大阪に関する問題の，二つの独立な問題に分割できます．また，ある入札に関して，IN/OUT のどちらを先にするかの決定も，その後の探索の効率に影響します．一般に分岐限定法は，良い解が早く得られるほど速く収束するので，線形計画法で得られた解を参照して，より良い解が得られた方に先に進むといった工夫が提案されています．

勝者決定問題を解くアルゴリズムに関しては，様々な工夫 (ヒューリスティックス) を導入した専用アルゴリズム [8] で，財の数 10,000，入札数 1,000 ぐらいの問題が数秒で解けると報告されています．また，商用の整数計画法 (線形計画法＋整数条件) のパッケージ，例えば ILOG 社の CPLEX でも，問題の表現を工夫することにより，かなり高速で解が得られることが報告されています [1]．

5.3 　　英国型を一般化：同時多数回オークション

組合せオークションに関しては，英国型オークションを一般化した**同時多数回オークション** (simultaneous multiple round auction) と呼ばれるオークションプロトコルが提案されています．同時多数回オークションは複数のラウンドからなり，各入札者は個々の商品に対して入札を行います．入札結果は公表され，次のラウンドの入札が行われます．どの入札者も前回の入札額を上げることを望まなければオークションは終了します．落札者は各商品に対して最も高い入札額をつけた入札者であり，支払額は落札者自身の入札額となります．同時多数回オークションは，米国の連邦通信委員会 (FCC) による無線周波数帯域の使用権のオークションで用いられており，入札者はあらかじめ登録を行う必要がありますが，オークションの過程は WWW で公開されています．オークションにかけられる

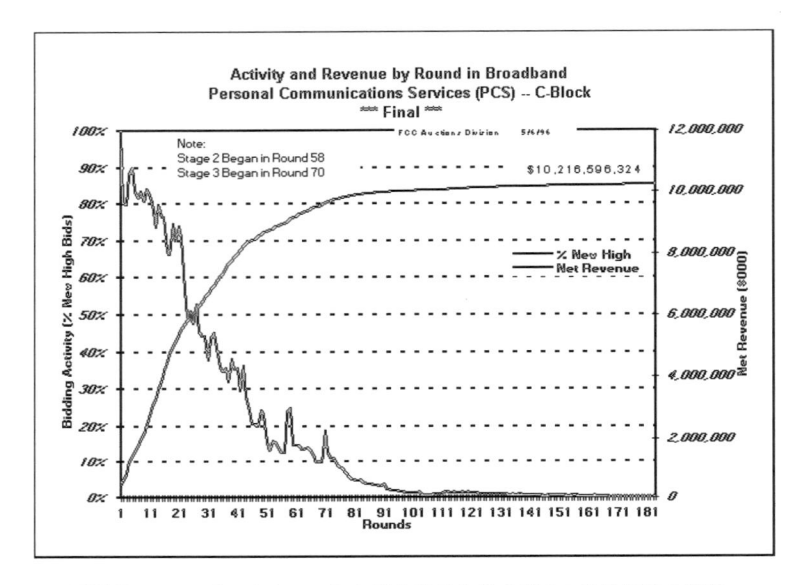

図 5.3 FCC オークションにおける新規入札の割合と入札総額の推移（FCC の Web ページより）

周波数の個数は数千にも達し，同時多数回オークションの収束に数百回近くのラウンドが必要とされる場合もあると報告されています．図 5.3 に，1996 年に行われたオークションでの，各ラウンドにおける新規入札の割合と入札総額の推移の例を示します．この例では，収束に至るまで，180 回近くのラウンドを要しています．

5.4 組合せオークションでも正直が最良の策？：一般化ビックレー入札

一方，**一般化ビックレー入札** (Generalized Vickrey Auction, GVA) と呼ばれるプロトコルは，第二価格秘密／ビックレー入札を組合せオークションに適用可能なように一般化したものです．

一般化ビックレー入札では，各参加者は任意の財のセットに関して評価値を申

告します．この申告された評価値に基づいて，社会的余剰が最大化されるように財が割り当てられます．財が割り当てられた参加者 (勝者) の支払額は，ある種の迷惑料のようなもので，その参加者が入札に参加することによって生じる，他の参加者の社会的余剰の減少分を支払うというプロトコルになっています．このプロトコルは誘因両立性で，支配戦略均衡における割当て結果はパレート効率的であり，社会的余剰が最大化されます．

以下に，一般化ビックレー入札の簡単な例を示します．

例 1

図 5.4 に示すように，入札者 1, 2, 3 の三人が，2 種類の財 (コーヒーとケーキ) のオークションに参加しているとします．入札はコーヒー単独，ケーキ単独，および両方の財の組合わせに対して行われます．入札者 1 は，コーヒーは好きだから \$6 払っても良いと考えていますが，甘いものは嫌いなので，ケーキ単独の評価値は \$0 です．また，コーヒーとケーキを両方得ても，ケーキは不要なので評価値は \$6 で変わりません．入札者 3 は，入札者 1 とは逆に，ケーキは好きで \$5 払っても良いと考えていますが，コーヒーは嫌いでコーヒー単独の評価値は \$0 です．また，コーヒーとケーキを両方得ても，コーヒーは不要なので評価値は \$5 で変わりません．一方，入札者 2 は，コーヒーがないとケーキは

	コーヒーのみ	ケーキのみ	両方
入札者 1	\$6	\$0	\$6
入札者 2	\$0	\$0	\$8
入札者 3	\$0	\$5	\$5

図 5.4 一般化ビックレーオークションの例

食べられず，また，ケーキがないとコーヒーを飲む気になれず，それぞれ単独での評価値は$0 ですが，両方揃うなら$8 払っても良いと考えているとします．

このとき，コーヒーは入札者 1 に，ケーキは入札者 3 に割り当てられます．入札者 1 の支払額は以下のように計算されます．入札者 1 が入札を行わなかったと仮定すると，入札者 2 がコーヒーとケーキの両方を得て，社会的余剰は$8 となります．一方，入札者 1 が入札を行った場合は，入札者 3 がケーキを得て，入札者 1 を除いた社会的余剰は$5 です．つまり，入札者 1 が入札に参加することにより，入札者 1 を除いた社会的余剰は，$8 から$5 に減少していることになります．このため，入札者 1 は迷惑料として，この社会的余剰の減少分，すなわち$8 − $5 = $3 を支払います．入札者 3 の支払額も同様に，$8 − $6 = $2 と計算できます．

以下，もう少し厳密な一般化ビックレー入札の定義を示します．

1. 各入札者 i は，(必ずしも真とは限らない) 自分のタイプ θ'_i を申告する．タイプ θ'_i の入札者の任意の割当て G に対する評価値を，$v(\theta'_i, G)$ と記述する．

2. 売手は，入札者が申告した評価値の総和を最大化する，最適な割当て G^* を決める．すなわち，すべての入札者の集合を N として，$G^* = \arg\max_G \sum_{j \in N} v(\theta'_j, G)$．

3. 落札者に支払額を伝える．このとき，入札者 i の支払額 p_i は以下で定義される．

$$p_i = \sum_{j \neq i} v(\theta'_j, G^*_{\sim i}) - \sum_{j \neq i} v(\theta'_j, G^*).$$

ここで，$G^*_{\sim i}$ は，入札者 i が入札しなかった場合の，他の入札者が申告した評価値の総和を最大化する割当てです．より正確には，$G^*_{\sim i} = \arg\max_G \sum_{j \neq i} v(\theta'_j, G)$ と定義されます．一般化ビックレー入札での支払額は，前に説明したように，各

入札者にとって，自分の存在によって生じる他の参加者の社会的余剰の減少分に相当します．

商品が一つだけの場合は，オークションの勝者が参加しなければ，商品は二番目に高い評価値を持つ参加者に割り当てられ，社会的余剰は二番目に高い評価値に等しくなります．一方，勝者が参加した場合には，商品は一つだけなので，勝者が社会的余剰を独占し，他の参加者の社会的余剰は0です．このため，勝者の負担分は二番目に高い評価値に等しくなり，一般化ビックレー入札が，通常のビックレー入札の一般化になっていることがわかります．

5.5　フリーライダの問題

商品が一つだけのオークションでは，英国型と第二価格秘密入札では得られる結果は同じと考えることができます．一方，組合せオークションでは，英国型を一般化した同時多数回オークションと，第二価格秘密入札を一般化した一般化ビックレー入札では得られる結果は異なる場合があります．その理由の一つが，以下に示す**フリーライダ**(ただ乗り)の問題と呼ばれるものです．

以下に簡単な例を示します．例1と同じ評価値を持つ三人の入札者が，2種類の財(コーヒーとケーキ)の同時多数回オークションに参加しているとします(図5.5)．入札者1はコーヒーへ\$3を入札しており(真の評価値は\$6)，入札者3はケーキへ\$3を入札している(真の評価値は\$5)とします．入札者2はコーヒーとケーキの組合せへ\$7を入札しているとします(真の評価値は\$8)．このとき，この入札結果を知ることで，入札者1と3は次回の入札額を上げるべきかどうかを悩むことが予想されます．

どちらか一方が入札額を上げれば，もう一方は支払額を上げることなく財を得ること(ただ乗り)が可能となります．しかしながら，双方とも相手が入札額を上げてくれることを期待して，自分の入札額を上げなければ入札者2が落札し，パレート効率的な割当ては達成されないことになります．

一方，一般化ビックレー入札では，第二価格秘密入札と同様，個々の財および

112　第5章　オークションの発展：組合せオークション／ダブルオークション

コーヒーに＄3
（真の評価値は＄6）

両方に＄7
（真の評価値は＄8）

ケーキに＄3
（真の評価値は＄5）

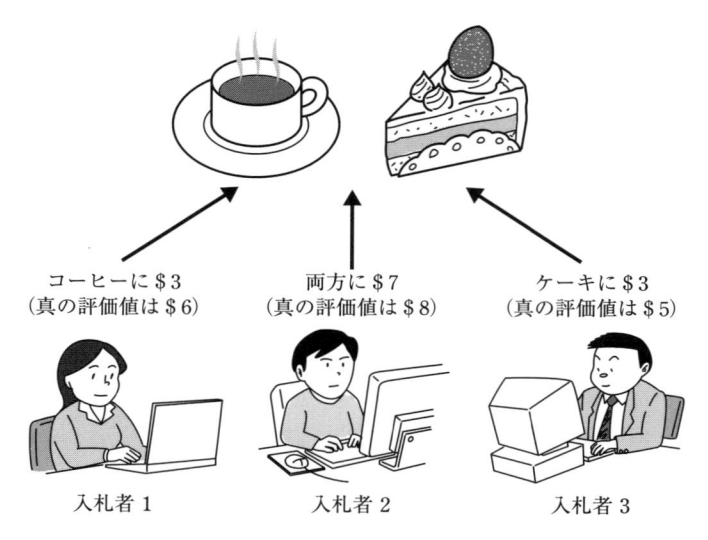

入札者1　　入札者2　　入札者3

図5.5　フリーライダの問題

組合せに対して，真の評価値を入札することが支配戦略となり，パレート効率的な割当てが実現されます．一般化ビックレー入札でフリーライダ問題が生じないことの直感的な説明は以下の通りです．例1で示されているように，一般化ビックレー入札での支払額は，同時多数回オークションで，可能な限りただ乗りをした場合の金額と等しくなっていますこのため，各入札者には入札額を下げようとする誘因は生じないことになります．

5.6　一般化ビックレーオークションの性質

　次に，一般化ビックレー入札で真の評価値を入札することが，なぜ支配戦略となるのかを詳しく説明します．一般化ビックレー入札では，申告された評価値の和が最大となるように，すなわちパレート効率的な割当てが行われるように商品の割当方法が決定されます．一般には，各個人の利益と社会全体の利益は一致しないのですが，一般化ビックレー入札では支払額を調整することにより，社会全体の利益が最大化される割当てと，各個人の利益が最大化される割当てを一致さ

5.6 一般化ビックレーオークションの性質　　113

入札者1が参加しない場合の評価値の和（＄8）

効用（＄3）　支払額（＄3）

入札者1の評価値の和（＄6）　入札者1が参加する場合の他の評価値の和（＄5）

全入札者の評価値の和（＄11）

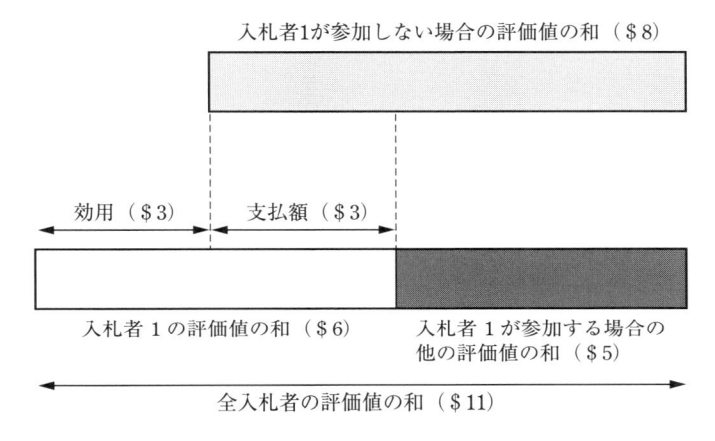

図5.6 一般化ビックレー入札の支払額と効用

せているのです．

図5.6に，一般化ビックレー入札の支払額と入札者1の効用の関係を示します．一般化ビックレー入札により計算される入札者1の支払額は，入札者1が参加しなかった場合の評価値の和 (上段の灰色の棒の長さ) から，入札者1が参加した場合の，他の入札者の評価値の和 (下段の黒色の棒の長さ) を引いたものになります．前に示した例では，$8-$5=$3 となります．一方，参加者1の効用は，準線形の効用という仮定から，財の評価値から支払額を引いたものとなります．前述の例では，$6-$3=$3 となります．これは図の下段の両方の棒の長さの和から，上段の棒の長さを引いたものに等しくなります．一方，上段の棒の長さは，入札者1が参加しなかった場合の評価値の和であり，これは入札者1の申告した評価値とは無関係に決定されます．よって，入札者1にとっては，上下の棒の長さの差が最大化されれば，自分の利得が最大化されるのですが，上段の棒の長さは，自分ではコントロールできない定数なので，結局，下段の両方の棒の長さの和が最大化された場合に，自分の効用が最大化されることになります．

一方，下段の両方の棒の長さの和は，すべての入札者の評価値の和，すなわち社会的余剰を意味しており，それゆえ入札者1にとって，社会全体の利益が最大化される場合に，自らの利益も最大化されることになり，社会全体の利益と個人

の利益が一致します.このため,入札者には嘘の評価値を申告しようとする誘因は生じないことになります.

もう少し厳密に証明すると,入札者 i の支払額 p_i は以下で定義されます.

$$p_i = \sum_{j \neq i} v(\theta'_j, G^*_{\sim i}) - \sum_{j \neq i} v(\theta'_j, G^*)$$

入札者 i の効用は準線形であり,その効用は以下で定義されます.

$$\begin{aligned} v(\theta_i, G^*) - p_i &= v(\theta_i, G^*) - \sum_{j \neq i} v(\theta'_j, G^*_{\sim i}) + \sum_{j \neq i} v(\theta'_j, G^*) \\ &= [v(\theta_i, G^*) + \sum_{j \neq i} v(\theta'_j, G^*)] - \sum_{j \neq i} v(\theta'_j, G^*_{\sim i}) \end{aligned}$$

この式の第二項は,入札者 i の申告とは無関係に決定されます.よって,入札者 i の効用は,この式の第一項が最大化されるときに最大化されることになりますが,定義より,$G^* = \arg\max_G \sum_{j \in N} v(\theta'_j, G)$ なので,$\theta'_i = \theta_i$ と,真のタイプを申告した場合に,入札者 i の効用が最大化されることになります.

5.7 クラークの税

一般化ビックレー入札は,**クラークの税**と呼ばれるメカニズムを組合せオークションに適用したものと考えることができます.以下にクラークの税の例について簡単に説明します.

ある大学の講義で,単位が取れなかった人に対して,補習 (対象者は全員参加!) を土曜日の午後に行うかどうかを決めることを考えます.補習が実施されない場合の効用を 0 円として,補習を行うことの効用は人によって様々で,効用が正の人もいれば,負の人もいます.社会的には,参加者の (真の) 効用の総和が正なら,補習を行った方が社会的余剰は増加するので補習を行った方が良いし,負ならば行わない方が良いことになります.ここで,各参加者に補習を行うことの効用を申告させ,総和が正なら補習を行い,負なら補習を行わないという意思決定のメカニズムを考えましょう.単純に効用を申告させるだけでは,各参加者にとって真

の効用を申告することは支配戦略となりません．例えば，実際には効用が -100 円である場合であっても，効用を -100 万円であると損失を大げさに申告すれば，補習が実施されない可能性が大きくなります．逆に，実際には効用が 100 円である場合であっても，効用を 100 万円であると利益を大げさに申告すれば，補習が実施される可能性が大きくなります．何らかの工夫をしないと，各参加者は自分の利益／損失を実際よりも大げさに言い立てることになります．このような状況は，現実にもよく観察されると思われます．

クラークの税と呼ばれる方法は，各参加者に対して，その参加者が意思決定に参加することにより他者の社会的余剰が減少する場合に，その参加者に他者の社会的余剰の減少分を税として支払わせるメカニズムです．他者の社会的余剰が減少しなければ (その参加者が居ても居なくても結果が変らなければ)，クラーク税は 0 円です．

例えば，補習の対象者が $1, 2, 3, 4$ の 4 名で，それぞれの効用を参加者 1 は 2,000 円，参加者 2 は $-1,000$ 円，参加者 3 は $-2,000$ 円，参加者 4 は 3,500 円とします．この場合，各参加者の効用の合計は 2,500 円なので，補習は実行されます．次に各参加者の支払うクラーク税の額を求めてみましょう．参加者 1 に関しては，仮に参加者 1 が対象者でなかった場合，残りの参加者の効用の合計は 500 円なので，参加者 1 は居ても居なくても結果は変わりません．よって，参加者 1 のクラーク税は 0 円です．同様に，参加者 2 および 3 に関しても，居ても居なくても結果は変わらないので，これらのクラーク税は 0 円です．一方，仮に参加者 4 が対象者でなかった場合，残りの参加者の効用の合計は $-1,000$ 円なので，補習は実施されないことになり，参加者 4 は補習の対象となったことで，他の参加者の効用を合計で 1,000 円減らしていることになります．よって参加者 4 は，迷惑料である 1,000 円を支払うことになります．一般化ビックレー入札の場合と同様の理由により，各参加者にとって真の効用を申告することが支配戦略であることが導かれます．

集められたクラーク税は，通常は意思決定の参加者以外 (例えば政府) に与えられ，意思決定の参加者には還元されないことが必要となります．上記の場合で，

集められたクラーク税が参加者に還元される (例えば補習の後で，集めたクラーク税で宴会をする) 場合には，真の効用を申告することが支配戦略にならない可能性があります．例えば，参加者 1 の真の効用は 1,000 円ですが，自分の効用を -499 円と偽って申告すれば，補習は実施されることは変わりませんが，宴会に使える税が 1,000 円から 3,499 円に増えるので利益になります．一般化ビックレー入札では，クラーク税に相当するのは買手の支払額ですが，この支払額は売手に与えられるので，このような問題は生じません．

5.8 インターネットオークションでの問題点：架空名義入札

インターネットオークションにおいては，一人の入札者が複数の名義，例えば異なるメールアドレスを用いて複数の入札を行うことは容易に実現できます．このような入札を**架空名義入札**と呼びます (図 5.7)．ネットワーク環境では，各参加者の身元を正確に認証することは事実上不可能であるため，インターネットオークションでは架空名義入札は深刻な問題となり得ます．

商品が一つだけのオークションでは，複数の名義を用いても利益を得ることはできませんが，複数財のオークションでは，このような架空名義入札により利益が得られる可能性があります．以下に例を示します．

例 2

コーヒーとケーキの二種類の財のオークションで，図 5.8 のような二人の入札者がいる状況を考えます．入札者 1 はコーヒーに $6，ケーキに $5，両方合わせて $11 という評価値を持ち，入札者 2 は前の例と同様に，コーヒー，ケーキは単独では不要だが，両方には $8 という評価値を持っているとします．

この場合，一般化ビックレー入札では入札者 1 が両方の財を得て，$8 を支払うことになります．一方，入札者 1 が入札者 3 という架空名義を用いて例 1 と同じ入札を行えば，それぞれの名義で一つずつ財を得ることができます．この場合の

5.8 インターネットオークションでの問題点：架空名義入札

図 5.7 架空名義入札

	コーヒーのみ	ケーキのみ	両方
入札者1	$6	$5	$11
入札者2	$0	$0	$8

図 5.8 架空名義入札の効果がある例

支払額は$3と$2で，結局支払額$5で両方の財を得ることができ，架空名義を用いることにより効用が増加しています．

この場合，入札者2にとってこれらの商品は補完的となっています．商品の評価値が補完的な入札者が存在する場合，商品を一つの名義でまとめて落札するよりも，複数の名義で分けて落札した方が支払額が少なくなるという現象が生じる

可能性があります．この例で示されているように，架空名義の可能性がある場合には，一般化ビックレー入札では誘因両立性，すなわち真の評価値を申告することが支配戦略であることは保証されず，パレート効率性も保証されないことになります．

さらに，一般化ビックレー入札のみならず，どのようなオークション方式をもってしても，組合せオークションで架空名義入札が可能な場合には，パレート効率性，誘因両立性，および個人合理性 (参加者はオークションに参加することによって損をすることがないこと) を同時に保証することは不可能であることが証明できます [14, 21]．

以下に証明のアウトラインを示します．具体的には，あるオークションプロトコルが誘因両立性，パレート効率性，個人合理性を同時に満たすと仮定して，矛盾を導きます．

例 3

まず，A, B の二種類の財のオークションで，三人の入札者の評価値が以下の場合を考えます．評価値は (A 単独の評価値，B 単独の評価値，A, B 両方の評価値) のように記述します．

- 入札者 1: (\$a, \$0, \$a)
- 入札者 2: (\$0, \$0, \$a+b)
- 入札者 3: (\$0, \$a, \$a)

ここで $a > b$ が成立するものとします．どのようなオークションプロトコルを用いるにせよ，そのプロトコルがパレート効率性を満足するという仮定より，入札者 1 は財 A を得て，入札者 3 が財 B を得ることになります．ここでの入札者 1 の支払額を P_a とします．もし入札者 1 が財 A の評価値を偽って，$a' = b + \epsilon$ (ϵ は微少額) と申告したとします．この場合も入札者 1 は財 A を得ることができ，個人合理性より，その支払額 $P_{a'}$ は申告した評価値 a' 以下であることが必要とな

ります.また,誘因両立性より,$P_a \leq P_{a'}$ が成立する必要があります.これは,真の評価値を表明した場合の方が,偽って申告した場合より支払額が大きくなることはないことから導かれます.

よって,$P_a \leq b + \epsilon$ が成立します.入札者 3 に関する支払額の条件も全く同様に得られます.

例 4

次に,入札者が二人だけの以下の状況を考えます.

- 入札者 1: $(a, a, 2a)$
- 入札者 2: $(0, 0, a + b)$

$a > b$ を仮定しているので,パレート効率性より,両方の財は入札者 1 に割り当てられます.この場合の入札者 1 の支払額を P_{2a} とします.この場合,入札者 1 は,入札者 3 という架空名義入札を行うことにより,例 3 と全く同じ状況を作り出すことが可能です.よって,誘因両立性,この場合は,架空名義入札を行わず,一つの名義で真の評価値を入札した場合の方が効用が少なくとも同じか,より大きいことを保証するためには,$P_{2a} \leq 2 \times P_a \leq 2b + 2\epsilon$ が成立する必要があります.

例 5

一方,次の状況を考えましょう.

- 入札者 1: $(c, c, 2c)$
- 入札者 2: $(0, 0, a + b)$

ここで,$b + \epsilon < c < a$ かつ $a + b > 2c$ が成立するものと仮定します.この場合,パレート効率性より,両方の財は入札者 2 に割り当てられ,入札者 1 は財を得ることができず,その効用は 0 となります.一方,入札者 1 が評価値を偽って

過大申告し，$(c, c, 2c)$ ではなく，$(a, a, 2a)$ を申告した場合，例 4 とまったく同じ状況を作り出すことができます．その場合，入札者 1 は両方の財を得ることができ，その支払額は，$P_{2a} \leq 2b + 2\epsilon$ となります．この場合，支払額は両方の財の価値 $2c$ より小さく，入札者 1 は正の効用を得ることができます．すなわち，入札者 1 は，過大申告により利益を増大することができます．これは，プロトコルが誘因両立性を満たすという仮定と矛盾します．

どのようなオークションプロトコルを用いようとも，プロトコルが誘因両立性，パレート効率性，個人合理性を満足している限り，この例で示した矛盾が成立します．よって，架空名義入札が可能な場合，誘因両立性，パレート効率性，および個人合理性を同時に満たすことは不可能であることが導かれます．

架空名義入札が存在する場合においても顕示原理が成立する，すなわち，プロトコルが誘因両立性を満足することを仮定しても一般性は失われない，という性質が成立することが示されています．この結果，一般に支配戦略均衡において，パレート効率性および個人合理性を同時に満足するようなプロトコルは存在しないことが導かれます [14, 18]．

この証明が示しているのは，例 3 ではフリーライダ問題を避けるために支払額が低く抑えられており，例 4 では架空名義入札を避けるために，やはり支払額が低く抑えられています．この結果，支払額が低くなり過ぎてしまい，例 5 では，過大申告により利益が得られるという結果になっています．フリーライダ問題と架空名義入札は，こちらを立てればあちらが立たずといった関係になっており，両方を同時に解決することは難しく，特にパレート効率性を保証しながら両方の問題を解決することが不可能であることが示されています．

では，パレート効率性を若干犠牲にして，誘因両立性を保証するオークションプロトコルは実現可能でしょうか？ 最も単純で自明なものとして，常にすべての商品をセットで売るというものが考えられます．この場合は，問題は単一財のオークションと同じとなるため，通常の第二価格秘密入札，すなわち最も高い評価値を付けた入札者がすべての商品を得て，二番目に高い入札額を支払うという方式を用いれば誘因両立性は保証されます．

すべての商品が互いに補完的，すなわち，商品をまとめて保有する場合の価値が商品を個別に保有する場合の価値の和よりも大きければ，商品をまとめて売ることは意味がありますが，代替的な商品を含む場合に，すべての商品を常にまとめて売ることは明らかに無駄が多く，社会的余剰および売手の収入は，一般化ビックレー入札を用いる場合と比較して著しく減少することが予想されます．例えば，コーヒーとケーキをセットで売るのはまだ良いとしても，コーヒーとコーラ，もしくはケーキとクッキーをセットで売るのは望ましくありません．

最も単純な，商品が A, B の二種類の場合を考えると，社会的余剰を増加させるためには常に商品をセットで売るのではなく，ある場合には商品をまとめて売り，ある場合には個別に売るというように，入札状況に応じて売り方を変えられるプロトコルの方が望ましいと考えられます．一方，架空名義入札の効果がないことを保証するためには，以下の条件が成立する必要があります．

> 商品 A, B が単独で異なる参加者に売られる場合，これらの参加者の支払額の和は商品 A, B のセットに対する最大の評価値より大きい．

この条件が成立しない場合，商品 A, B を単独で落札した複数の参加者が，実際には同じ参加者の架空名義である可能性が生じます．しかしながら，支払額に関する上記の条件を満足するように，誘因両立的なプロトコルを設計することは困難です．例えば，以下のようなプロトコルは誘因両立性を満足しません．

> **頑健でないプロトコル**
> 一般化ビックレー入札を用いて，暫定的な勝者と支払額を決定する．商品 A, B が個別に異なる参加者に売られ，支払額の和が前述の条件を満さない場合，すなわち，支払額の和が商品 A, B のセットに対する最大の評価値より小さい場合は商品をセットで売る（支払額はセットに対する二番目の評価値とする）．その他の場合は，一般化ビックレー入札の結果を用いる．

例 1 の状況を考えると，一般化ビックレー入札によれば，コーヒー，ケーキは個別に異なる参加者に売られることになりますが，前述の条件を満足しないため，

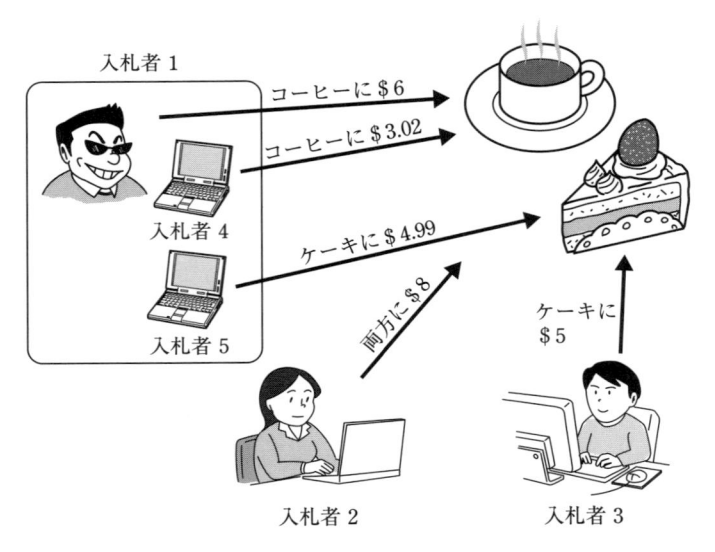

図 5.9 架空名義入札に頑健でないプロトコル

商品はセットで入札者 2 に売られることになります．よって，入札者 1 は，商品を得ることができず，効用は 0 となります．しかしながら，入札者 1 は，入札者 4, 5 なる架空名義を用いて，図 5.9 に示す状況を生じさせることができます．すなわち，入札者 4 という名義でコーヒーに$3.02 の入札をし，入札者 5 という名義でケーキに$4.99 の入札をしています．

この場合，一般化ビックレー入札を用いた結果，コーヒーは入札者 1 に，ケーキは入札者 3 に割り当てられ，支払額はそれぞれ$3.02 と$4.99 となり，支払額に関する条件を満足します．架空名義入札が可能な場合，他者の支払額を操作することは容易であり，ここでは入札者 1 は，入札者 3 に多額の支払いを強要することにより，自分に財が割り当てられるように操作しています．誘因両立性を保証するためには，支払額は二番目の価格に準ずるものが用いられるのが通例です．架空名義入札が可能な場合において，誘因両立的なプロトコルを設計するためには，支払額の計算に不可欠である二番目の価格の情報を用いずに，上記の支払額に関する条件を満足させる必要があるという難しいジレンマを解決する必要があ

表5.2 レベル付分割セットの例

	ケース 1	ケース 2	ケース 3
レベル 1	[{(A, B)}]	[{(A, B, C)}]	[{(A, B, C, D)}]
レベル 2	[{(A), (B)}]	[{(A, B)}, {(B, C)}, {(A, C)}]	[{(A, B, C)}, {(B, C, D)}, {(A, D)}]
レベル 3		[{(A), (B), (C)}]	[{(A), (D), (B,C)}]

ります．

　このジレンマを解決することは，一見，不可能なように思われます．実際，私は最初は，このジレンマを解決することは不可能だと思い，不可能である証明を一ヶ月ぐらいかけて考えていました．不可能である証明がほとんど完成したと思ったときに，証明に微妙な穴があることに気が付き，逆にその穴を利用して，このジレンマが解決できることがわかりました．

　その方法とは，留保価格 (それ未満では売らない価格) を導入することです．商品 A, B に対する留保価格を r_A, r_B とします．商品 A, B のセットに対する最大の評価値が $r_A + r_B$ より小さいときに限り，商品を個別に販売することにすれば，上記の条件を満足することができます．文献 [13, 20] では，このアイデアを一般化した，レベル付分割セットプロトコルを提案しています．レベル付分割セットの例を表5.2に示します．ケース1はA, Bの二種類の商品がある場合，ケース2はA, B, Cの三種類，ケース3はA, B, C, Dの四種類の商品がある場合のレベル付き分割セットの一例です．レベル付分割セットプロトコルでは，まずレベル1の，すべての商品のセットに関して，留保価格以上の入札があれば，すべての商品をセットで販売します．そのような入札がなければ，レベル2に移行し，留保価格以上の入札があれば，レベル2に示されている商品の分割方法に限定して一般化ビックレー入札を適用し商品を販売する，そうでなければ次のレベルに移行するという処理を行います．レベル付き分割セットの特徴は，各レベルに現れる各分割方法に関して，その二個以上の和集合が，必ず，より上位のレベルに現れるようになっている点です．例えば，ケース3のレベル3には，(A), (D), (B, C) なる分割方法が現れていますが，これの任意の二個以上の和集合 (例えば (A, B, C)) は，必ず上位のレベルに存在します．この意味するところは，より大

きなセットを買おうとする入札者に優先権を与えるということです．このように，レベル付分割セットを定義することにより，複数の名義を用いて商品のセットを別々に購入するより，単独の名義でまとめて買った方が支払額が少ないことが保証され，よって誘因両立性が保証されます．

　レベル付き分割セットプロトコルを実行するためには，オークションの主催者はレベル付き分割セットおよび留保価格を定める必要があります．これらがどのように定義されていても，プロトコルが誘因両立的であることは言えますが，不適切なレベル付き分割セットもしくは留保価格を用いた場合の社会的余剰は小さくなる可能性があります．もう少し手軽に架空名義入札に対する頑健性を保証する方法はないでしょうか？

　以下に，文献 [12] に示されている最小バンドル (Minimal-Bundle) プロトコル (MB プロトコル) について概略を示します．バンドルとは，まとめて売る商品のセットのことを意味します．簡単のため，各参加者はある一つのバンドルのみを必要としているとします．これらのバンドルを評価値の大きい順にソートしていきます．例えば，財が A, B, C, D の四つで，入札者 1 が (A, B) に 10，入札者 2 が (C, D) に 8，入札者 3 が (B, C) に 7，入札者 4 が (A) に 6，入札者 5 が (D) に 6 という入札をしているとします．この場合は，この順で既にソートされています．以下，先頭の入札は合格で落札でき，その支払額は，この順番で最も先に来ている，先頭の入札と競合している (同じ財を含む) 入札の評価値とします．この場合，先頭の入札は入札者 1 の (A, B) であり，これと競合し，最も先にあるのは入札者 3 の (B, C) の 7 なので，入札者 1 は 7 を支払って (A, B) を得ます (図 5.10)．さらに，この先頭の入札と競合する入札はすべて不合格とします．図 5.10 では，入札者 3, 4 の入札が不合格となります．また，これらの新たに不合格となった入札に関して，それらと競合する入札が後にある場合は，それらの入札も不合格とします．

　以下同様に，最も先頭にある，まだ不合格となっていない入札を探し，それを合格とし，支払額を決定します．次の入札は，入札者 2 の (C, D) に対する入札で，これと競合し，最も先にあるのは入札者 3 の (B, C) に 7 なので，入札者 2

```
入札者1：(A, B)に10    入札者1：(A, B)に10    入札者1：(A, B)に10
                          7支払い              7支払い
入札者2：(C, D)に8     入札者2：(C, D)に8     入札者2：(C, D)に8
                                                 7支払い
入札者3：(B, C)に7  →  入札者3：(B, C)に7  →  入札者3：(B, C)に7
入札者4：(A)に6         入札者4：(A)に6         入札者4：(A)に6
入札者5：(D)に6         入札者5：(D)に6         入札者5：(D)に6
```

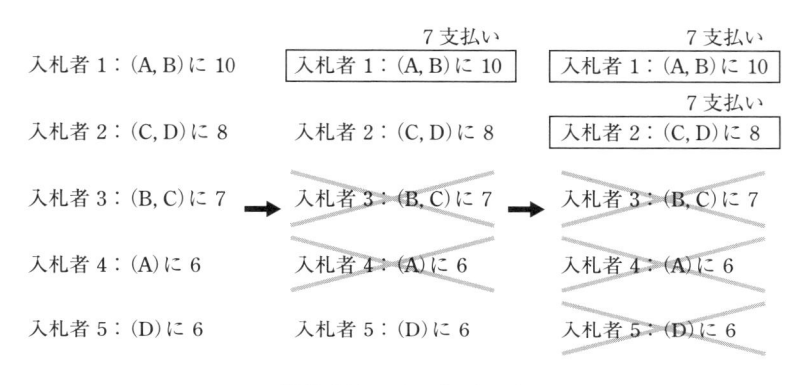

図5.10 MBプロトコル

は7を支払って(C, D)を得ます．入札額の決定には，不合格になった入札も用いることに注意して下さい．ここで，新たに入札者5の(D)が不合格となり，この時点で，すべての入札に関して合否が決定したので，プロトコルは終了します(図5.10)．

以下に，このプロトコルが架空名義入札に頑健であることの，直感的な説明を示します．前の例で，入札者1および2が，実際にはある一人の入札者の架空名義であったとします．しかしながら，この入札者が単一の名義で(A, B, C, D)に入札したと仮定すると，その支払額は，やはり入札者3の(B, C)の評価値7となるので，どちらか片方だけの価格と同じ額で両方のバンドルを手に入れることができることになります．このプロトコルでは，バンドルを分けて購入した場合の支払額の和は，まとめて単一の名義で入札した場合の支払額以上になることが言えるため，参加者には架空名義入札を用いる誘因がありません．

5.9 ダブルオークションの概要

これまで紹介してきたオークションは，買手／売手のどちらかのみが複数であることを前提としていました．このようなオークションを**片方向 (one-sided)** **オークション**と呼びます．一方，買手／売手の双方が複数存在する場合をダブル

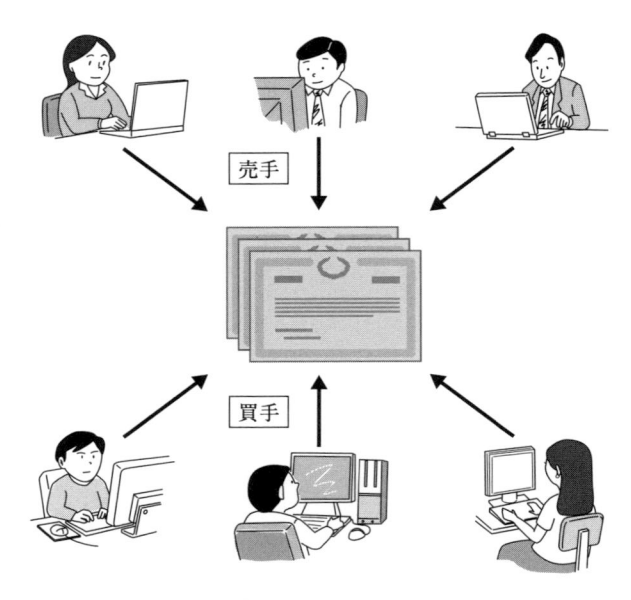

図5.11 ダブルオークション

オークション (両方向オークション) と呼びます (図 5.11). ダブルオークションは，同じ種類の商品に関して，買手と売手が共に複数存在する場合の取引方法であり，外貨，証券，株等の取引に広く用いられています．

ダブルオークションには様々なタイプが存在します．**連続時間オークション** (continuous-time auction) では，取引期間中の任意の時刻に取引が可能で，オークションの結果は二者間の取引の集合となります．一方，**離散時間オークション** (discrete-time auction, call-market もしくは clearing-house とも呼ばれます) では，すべての取引は一回のステップでまとめて行われます．また，取引される商品に関して，買手／売手の需要／供給が単一ユニットか複数ユニットか等の様々な場合が存在します．

片方向オークションに関しては，これまでに非常に多くの研究事例があるのですが，ダブルオークションに関する理論的研究は，片方向オークションと比較するとはるかに少ないのが現状です．この理由の一つとして，ダブルオークション

は売手と買手の双方が複数存在するため，理論的な解析が非常に複雑となることがあります．

最も単純な場合である，単一の商品をそれぞれ単独の買手／売手が取引する相対取引 (bilateral trade) に関して，誘因両立性，パレート効率性，主催者も含めた個人合理性 (主催者が損をしないことも保証) を同時に満足する取引プロトコルは存在しないことが示されています．

例えば，単一の商品を持つ売手が存在し，売手の評価値を v_s とします．また，買手の評価値を v_b とし，$v_s < v_b$ が成立しているとします．ここで，誘因両立性，パレート効率性，主催者も含めた個人合理性を満足するプロトコルが存在すると仮定しましょう．パレート効率性から，商品は，より評価値の高い買手に渡る必要があります．買手の評価値 v_b が売手の評価値 v_s より大きい限り，例えば，$v_b = v_s + \epsilon$ であっても，パレート効率性の条件から取引が行われる必要があり，このときに買手が支払う額は，買手の個人合理性から $v_s + \epsilon$ 以下である必要があります．同様に，売手の評価値 v_s が買手の評価値 v_b 未満である限り，例えば $v_s = v_b - \epsilon$ であっても，パレート効率性の条件から取引が行われる必要があり，このときに売手が受け取る額は，売手の個人合理性から $v_b - \epsilon$ 以上である必要があります．

売手，買手の評価値／タイプは個人情報であり，例えば買手の本当の評価値が v_b の時に，評価値を $v_s + \epsilon$ と偽ることが可能なので，誘因両立性から，この買手が正しいタイプを申告したときの支払額は，嘘をついた場合の支払額以下である必要があり，よって，買手の支払額は $v_s + \epsilon$ 以下である必要があります．同様に，売手が正しいタイプを申告したときに受け取る金額は，$v_b - \epsilon$ 以上である必要があります．しかしながら，買手が $v_s + \epsilon$ 以下を支払い，売手が $v_b - \epsilon$ 以上を受け取る場合，主催者の収支は $v_s - v_b + 2\epsilon$ 以下となり，$v_s < v_b$ なので，これでは赤字になってしまいます．よって，誘因両立性，パレート効率性，主催者も含めた個人合理性を満足するプロトコルは存在しません．

相対取引はダブルオークションの一種であり，ダブルオークション一般に関しても，これらの三つの性質を同時に満足するものは存在しません．文献 [7] では，

パレート効率性を犠牲にして，各参加者の需要／供給が単一ユニットの商品である場合に関して，誘因両立性および個人合理性を満足する離散時間のダブルオークションプロトコルを提案しています．以下，このプロトコル (McAfee's Double Auction Protocol, **MD** プロトコル) の概要を示します.

5.10 ダブルオークションでも正直が最良の策？： MDプロトコル

以下，m 人の買手，n 人の売手が存在し，それぞれ 1 ユニットの財を購入／販売したいと考えているとします．オークションの方法としては離散時間オークションで，すべての取引は一回のステップでまとめて行われるとします．

$b_1, \ldots, b_m$ を買手の表明した (真とは限らない) 評価値，$s_1, \ldots, s_n$ を売手の表明した (真とは限らない) 評価値とします．また，表明された買手の評価値を大きい順に，表明された売手の評価値を小さい順にソートした列を，

$$b_{(1)} \geq b_{(2)} \geq \ldots \geq b_{(m)}$$

および

$$s_{(1)} \leq s_{(2)} \leq \ldots \leq s_{(n)}$$

とします．評価値が同じ場合には，タイブレーク，すなわちどちらを先にするかは，ランダムに決められるとします．ここで，$b_{(i)}$ は i 番目に大きい買手の表明した評価値で，また，$s_{(i)}$ は i 番目に小さい売手の表明した評価値です．

ある k に関して，

$$b_{(k)} \geq s_{(k)}$$

および

$$b_{(k+1)} < s_{(k+1)}$$

が成立する場合，最初から k 番目までの評価値に関しては，買手の評価値の方が売手の評価値より大きいため，k 個の取引を行うことができれば，割当て結果はパレート効率的となります．

この場合の取引価格の候補 p_0 を，以下のように決定します．

$$p_0 = \frac{1}{2}(b_{(k+1)} + s_{(k+1)})$$

この価格は，実際に取引を行う k 番目までの売手／買手の評価値とは無関係に決定されていることに注意して下さい．

MD プロトコルは以下のように記述されます．

---
1. $s_k \leq p_0 \leq b_k$ が成立する場合: (1) から (k) までの買手／売手が，価格 p_0 で取引を行う．

2. $p_0 > b_k$ もしくは $p_0 < s_k$ が成立する場合: (1) から (k-1) までの買手／売手が取引を行う．買手は $b_{(k)}$ を支払い，売手は $s_{(k)}$ を受け取る．

二番目の条件が成立する場合，買手の支払う価格 $b_{(k)}$ は売手の受け取る価格 $s_{(k)}$ より大きいため，$(k-1)(b_{(k)} - s_{(k)})$ の金額が余ることになります．この差分は，オークションの主催者が得ることとします．ここでは，オークションの主催者は商品を得ることを欲しない，中立的な存在であることを仮定しています．

具体例を示しましょう．

例 6

買手／売手の評価値は以下の通りであるとします．

- 買手の評価値: $9 > 8 > 7 > 4$
- 売手の評価値: $2 < 3 < 4 < 5$

参加者が真の評価値を表明した場合には，プロトコルの 1 の条件が成立し，(1) から (3) までが取引を行い，取引価格 $p_0 = (4+5)/2 = 4.5$ となります．

> **例 7**
>
> 買手／売手の評価値は以下の通りであるとします．
>
> - 買手の評価値: $9 > 8 > 7 > 4$
> - 売手の評価値: $2 < 3 < 4 < 12$
>
> 参加者が真の評価値を表明した場合，プロトコルの 2 の条件が成立し，(1) から (2) までが取引を行い，買手は 7 を支払い，売手は 4 を得ます．

架空名義入札が存在しない場合，このプロトコルは誘因両立的であることが証明されています．このプロトコルでは，1 の条件が成立する場合には，結果はパレート効率的ですが，2 の条件が成立する場合は，(k) 番目の買手／売手が取引を行えないため，結果はパレート効率的ではありません．

5.11　ダブルオークションでの架空名義入札の影響

一方，架空名義入札の可能性がある場合には，MD プロトコルは誘因両立性を満足しません．ダブルオークションでは，売手が別の買手になりすましたり，逆に買手が売手になりすます等の，片方向オークションよりも複雑な不正行為が可能となるので，誘因両立的な (正直が最良の策の) プロトコルの開発はより困難な課題となります．

例 6 の状況で，(1) から (3) までのいずれかの売手が，買手になりすまして，4.8 という評価値を表明した場合，

> - 買手の評価値: $9 > 8 > 7 > 4.8 > 4$
> - 売手の評価値: $2 < 3 < 4 < 5$

となり，(1) から (3) までが取引を行うことは変らないのですが，取引価格は $(4.8 + 5)/2 = 4.9$ に増加します．このため，売手は，買手になりすました架空名

義入札を行うことにより効用を 0.4 増やすことが可能であり，MD プロトコルは架空名義入札に対して頑健ではありません．

また，例 7 の状況で，売手 (3) は，別の売手になりすまして，6 なる評価値を表明することが可能です．この結果，

- 買手の評価値: $9 > 8 > 7 > 4$
- 売手の評価値: $2 < 3 < 4 < 6 < 12$

となり，プロトコルの 1 の条件が成立し，(1) から (3) までが取引を行い，取引価格 $p_0 = (4+6)/2 = 5$ となります．売手 (3) は，正直に申告した場合は取引を行えないので効用は 0 です．一方，上記の架空名義入札をした場合は，$5 - 4 = 1$ の効用を得ることが可能となります．

組合せオークションのところで紹介したレベル付き分割セットプロトコルは，留保価格 (最低販売価格) を用いることにより，架空名義入札に対して頑健なプロトコルを構成しています．同様なアイデアを用いて，架空名義入札に頑健なダブルオークションプロトコルを構成することができます．このプロトコルは，**閾値価格ダブルオークションプロトコル** (Threshold Price Double auction protocol, TPD) と呼ばれています [15, 19]．

TPD プロトコルでは，まず，オークションの主催者は閾値価格 r を設定します．MD プロトコルの場合と同様，オークションの主催者は財を得ることを欲しない，中立的な存在であるとします．閾値価格は，表明される買手／売手の評価値に依存しないで決定される必要があります．次に，買手／売手は評価値を表明します．表明された評価値は以下の通りであるとします．

- 表明された買手の評価値: $b_{(1)} \geq b_{(2)} \geq \ldots \geq b_{(i)} \geq r > b_{(i+1)}, \ldots$
- 表明された売手の評価値: $s_{(1)} \leq s_{(2)} \leq \ldots \leq s_{(j)} \leq r < s_{(j+1)}, \ldots$

プロトコルは，以下のように記述されます．

1. $i = j$ の場合: (1) から (i) までの買手／売手が，価格 r で取引を行う．

2. $i > j$ の場合: (1) から (j) までの買手／売手が取引を行う．買手は $b_{(j+1)}$ を支払い，売手は r を得る．オークションの主催者は $j \cdot (b_{(j+1)} - r)$ を得る．

3. $i < j$ の場合: (1) から (i) までの買手／売手が取引を行う．買手は r を支払い，売手は $s_{(i+1)}$ を得る．オークションの主催者は $i \cdot (r - s_{(i+1)})$ を得る．

以下に，プロトコルの適用の具体例を示します．

例 8

評価値は例 6 と同様で，以下の通りとします．

- 買手の評価値: $9 > 8 > 7 > 4$
- 売手の評価値: $2 < 3 < 4 < 5$

また，閾値価格 r が 4.5 であるとします．この場合，プロトコルの 1 の条件が成立し，(1) から (3) までが取引を行い，取引価格は $r = 4.5$ となります．

(1) から (3) までのいずれかの売手が，買手になりすまして 4.8 なる評価値を表明したとしても，買手の支払額は増えますが，売手の得る金額は閾値価格の 4.5 で変化しません．

例 9

評価値は例 7 と同様で，以下の通りとします．

- 買手の評価値: $9 > 8 > 7 > 4$
- 売手の評価値: $2 < 3 < 4 < 12$

閾値価格 r が 6 であれば，プロトコルの 1 の条件が成立し，(1) から (3) までが取引を行い，価格は 6 です．

一方，閾値価格 r が 7.5 であれば，プロトコルの 3 の条件が成立し，(1) から (2) までが取引を行い，買手の支払額は閾値価格の 7.5，売手の得る金額は 4 です．売手 (3) が別の売手になりすまして架空名義入札を行っても，取引を行うことは不可能です．

TPD プロトコルは架空名義入札に頑健であり，各参加者にとって誘因両立性が成立することが証明されています．直感的には，TPD プロトコルは閾値価格を導入することにより，問題を片方向オークションに帰着しています．参加者は架空名義入札を用いたとしても，自分が取引の当事者にならない限り，取引価格を変更できないので，露見しない嘘をつくことができません．

5.12 入札額を秘密にしたまま勝者決定？：セキュア組合せオークション

ビックレー入札の問題点のところで，主催者が信用できない場合には，ビックレー入札の適用が難しいということを説明しました．主催者が信用できない場合には，例えば第一価格秘密入札を用いる場合でも，主催者がある入札者と結託し，他者の入札額を漏洩するといった不正行為が問題となります．

種々の暗号の技術を用いることにより，入札の締切り前には入札額が主催者にわからないようにすることは可能ですが，オークションの終了後であっても，個々の入札額が主催者に知られることが望ましくない場合があります．例えば，オークションの主催者は，ある入札者に関する過去の入札の情報を用いて上記のような不正行為を行ったり，そのような個人情報を他者に販売したりする可能性があります．

このような問題点を本質的に解決する方法として，**セキュアプロトコル**と呼ばれるプロトコルが提案されています．目的は，複数の参加者の持つ個人情報，例えば入札額に基づいて問題の解，例えば組合せオークションでの勝者を求めることです．セキュアプロトコルでは，各参加者は個人情報を複数のサーバに対して送信します．これらのサーバは問題の解を求めるのですが，その際に，問題の解

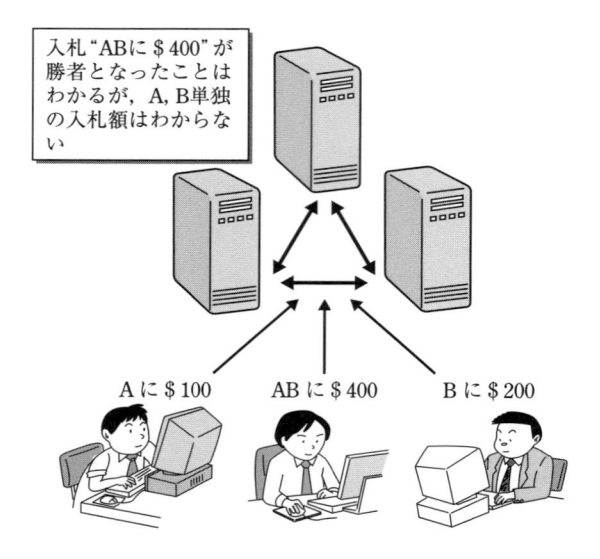

134　第 5 章　オークションの発展：組合せオークション／ダブルオークション

図 5.12　セキュアプロトコル

が得られた後であっても，これらのサーバに対して，不必要な個人情報，例えば落札できなかった参加者の入札額がわからないことを要求します (図 5.12)．

　これは一見無理な要求のように思えます．問題の入力となっているパラメータ，例えば入札額のような情報を (直接) 見ないで答えだけを求めるというような，魔法のようなことが可能なのでしょうか？

　秘密分散と呼ばれる技術 [3, 4] を用いると，この魔法のようなことが実現できます．以下に秘密分散の一例を説明します．ある会社の社長がいて，会社の機密情報にアクセスするパスワード (ある数値) を，緊急時のために二人の副社長に教えておきたいと思っているとします．ただし，要求条件として，副社長が二人で協力すればパスワードがわかるのだけれど，一人の持っている情報だけでは，パスワードに関する一切の情報がわからないようにしたいと思っているとします．以下のような簡単な方法で，この要求条件が実現できます．パスワードを数値 s として，$y = ax + s$ となるような直線を選びます．直線の傾き a はランダムに決定します．ここで，直線上の二点 (x_1, y_1), (x_2, y_2) を選び，一つの点の座標を一人

の副社長に，もう一つの点をもう一人の副社長に教えます．パスワードはこの直線の y 切片となっています．ある一点を通る直線は無数に存在しますので，一点の情報だけがわかっても，y 切片に関しては何の情報も得られません．一方，二点の情報がわかれば直線は一通りに決まるので，二人の副社長が協力すればパスワードである y 切片の値を得ることができます．この直線の一点のように，秘密に関する分散された情報の一部をシェアと呼びます．

また，このシェアを用いて，秘密情報に基づいた計算結果を得ることができます．例えば，私とあなたが協力してベンチャー企業を始めようと考えているとしましょう．一方，このベンチャー企業に投資しようとしている二つの銀行があり，またこれらの銀行は，ベンチャーが失敗したときの担保として，我々の持つ個人資産の合計がある基準額に達しているかを知りたがっているとします．しかしながら，あなたも私も，個人の資産額を公表したくありません．個人の資産額を銀行に対しても公表せず，しかし，合計が基準額に達しているかを確かめることができるでしょうか？ 先ほどの秘密分散の手法を使ってこのことが実現できます．あなたの資産額を s_1，私の資産額を s_2 として，我々はそれぞれ独立に直線 $y = a_1 x + s_1$，$y = a_2 x + s_2$ を選びます（図 5.13）．あなたは自分の直線上の一点 $(x_1, a_1 x_1 + s_1)$ を銀行 1 に，もう一点 $(x_2, a_1 x_2 + s_1)$ を銀行 2 に送ります．また，私も自分の

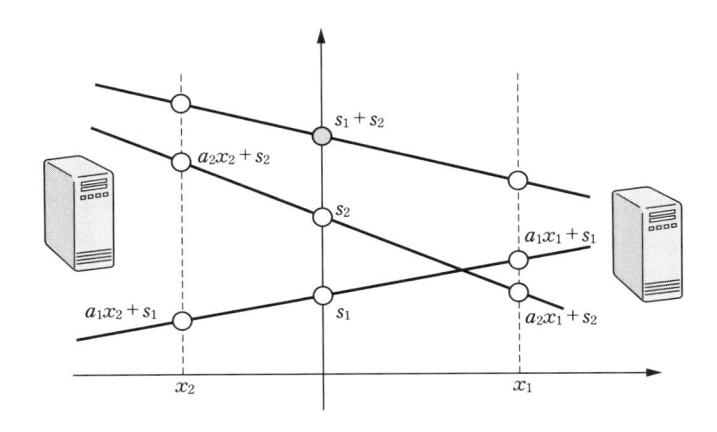

図 5.13 秘密分散の例

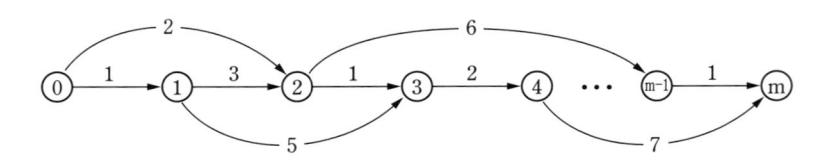

図5.14 一次元有向グラフの例

直線上の一点 $(x_1, a_2x_1 + s_2)$ を銀行 1 に，もう一点 $(x_2, a_2x_2 + s_2)$ を銀行 2 に送ります．銀行 1 は，あなたと私から送られた 2 点の y 座標を合計して，座標 $(x_1, (a_1 + a_2)x_1 + s_1 + s_2)$ を求めます．同様に，銀行 2 は，あなたと私から送られた 2 点の y 座標を合計して，座標 $(x_2, (a_1 + a_2)x_2 + s_1 + s_2)$ を求めます．これらの点が一つだけでは，我々の個人資産に関しては何の情報も得られません．一方，これらの二つの銀行が，この新しく求めた点の座標を交換し，2 点を通る直線の y 切片を求めれば，これは我々の資産の合計額の $s_1 + s_2$ となっています．

文献 [10, 16] では，**動的計画法** [2] を実行するセキュアプロトコルが提案されています．動的計画法 (dynamic programming) [2] とは，1950 年代後半にリチャード・ベルマンによって開発された，様々な組合せ最適化問題に適用可能な，非常に強力な方法です．

以下，図 5.14 の，一次元の有向グラフにおける最長経路探索問題を例にとって動的計画法の説明をします．このグラフでは，ノード $0, 1, 2, \ldots, m$ が存在し，ノード間に有向リンク (j, k)，ただし $j < k$ が存在します．また，各リンクに対して，リンクの重み $w(j, k)$ が定義されます．目的は，始点ノード 0 より終点ノード m に至る最長経路 (重みの和が最大となる有向リンクの系列) を見つけることです．簡単のため，$0 \leq j < m$ なるノード j に関しては，j を起点とするリンクが少なくとも一つ存在することを仮定します．

この問題に特徴的なこととして，0 から m への最長経路を P として，P 上のノード j に関して，ノード j から m に至る後半部分を考えると，これが j からノード m への最長経路になっていることがあります．これは最適性の原理 (principle of optimality) と呼ばれ，動的計画法において，与えられた問題の最適解を，副問題の最適解から導くことを可能にしています．

具体的には，以下の式を用いて，ノード $m-1$ から 0 まで，順次 m に至る最長経路の長さを求めることができます．ここで，$f(j)$ は，ノード j から m までの最長経路の長さを示します．$f(j)$ をノード j の評価値と呼びます．$f(m) = 0$ であり，$f(0)$ が求める最長経路の長さとなります．

$$f(j) = \max_{(j,k)}\{w(j,k) + f(k)\}$$

上記の式で，各ノード j に関して，ノード j の評価値，すなわち $\max_{(j,k)}\{w(j,k) + f(k)\}$ を与えるリンク (j,k) を記録しておけば，ノード 0 より，これらのリンクを辿ることによって，最長経路を構成するリンクの集合を得ることができます．

このように，動的計画法における計算は，加算と最大値を取る処理によって構成されています．よって，加算と最大値を取る処理が実行可能な秘密分散方法があれば，基本的には動的計画法がセキュアに実現可能となります．このような秘密分散手法として，多項式の次数を用いる方法があります [6]．具体的には，秘密情報が正の整数値 a である場合に，次数が a となるような変数 x の多項式 $A(x)$ をランダムに選びます．その際に，$A(0) = 0$ となるようにします．例えば，秘密にしたい情報が 3 であれば，多項式 $A(x) = 4x^3 + 2x^2 + 5x$ のように選びます．この多項式は四つのシェア，すなわちこの三次関数上の四つの点が与えられれば，多項式を復元することができます．多項式 A の次数を $deg(A)$ とすると，二つの多項式 A, B に関して，$\max(deg(A), deg(B)) = deg(A+B)$, $deg(A) + deg(B) = deg(A \times B)$ が成立します．よって，シェアの和を取れば元の秘密の最大値が，シェアの積を取れば元の秘密の和が得られることになります．このシェアに関する計算は，シェアを持つ個々のサーバがローカルに計算することができます．

動的計画法を実現するセキュアプロトコルの概要は，以下の通りです．

1. 参加者は，秘密情報 (リンクの重み) のシェアを複数のサーバに分散する．
2. 各サーバは，ローカルにシェアに関する計算 (和と積) を計算し，最長経路

の長さに対応するシェアを求める．

3. 各サーバは，計算されたシェアを交換し，最長経路の長さを得る．

　最長経路の長さが得られれば，どのリンクの重みが最長経路を構成しているかは比較的簡単に求めることができます．この処理が終わった後でも，最長経路に関係しないリンクの重みは，これらのサーバに対しても秘匿されます．

　このセキュア動的計画法を，組合せオークションにおける勝者決定問題に用いることができます．この場合，リンクの重みが入札額に対応します．また，最長経路が入札額を最大にする入札の組合せに対応します．勝者が決定した後でも，最長経路に関係しないリンクの重み，すなわち敗者の入札額は，サーバに対しても秘匿されることになります．

第6章
関連図書

　本書は，オークション理論，およびその基礎となっているゲーム理論に関する入門書であり，難しい数式はなるべく使わずに，厳密さはあまり追求しないで，例を使った説明を中心に解説を行っています．

　本書を読んで，もっと深くオークション理論，ゲーム理論，ミクロ経済学について知りたいと思われた方のために，いくつかの本を紹介しておきます．

渡辺隆裕「図解雑学 ゲーム理論」ナツメ社 (2004)
　　多くの図と例を用いた，非常にわかりやすいゲーム理論に関する一般向けの入門書です．

逢沢 明「ゲーム理論トレーニング」かんき出版 (2003)
　　こちらも興味深い例を多く用いたゲーム理論に関する一般向けの入門書です．

梶井厚志, 松井彰彦「ミクロ経済学：戦略的アプローチ」日本評論社 (2000)
　　各章の最初に，その章で扱う内容を小説形式で記述するという斬新なスタイルで書かれた，ミクロ経済学を専門的に学ぶ人向けの入門書です．

エリック・ラスムスセン「ゲームと情報の経済分析」九州大学出版会 (1993)
　　ゲーム理論を専門的に学ぶ人向けの本で，第 12 章にオークションの詳しい解説があります．

ジョン・マクミラン「経営戦略のゲーム理論」有斐閣 (1995)
　　比較的気軽に読める読み物で，第 IV 部にオリンピックの放映権の入札事例等を用いたオークションの解説があります．

Vijay Krishna「Auction Theory」Academic Press (2002)
　　オークション理論に関する非常に詳しい専門書です．

Peter Cramton, Yoav Shoham, and Richard Steinberg (編)「Combinatorial Auctions」MIT Press (2006)
　　組合せオークションに関する話題を網羅した専門書です．

参考文献

[1] Andersson, A., Tenhunen, M., and Ygge, F. Integer programming for combinatorial auction winner determination. In *Proceedings of the Fourth International Conference on Multiagent Systems (ICMAS-2000)*, pages 39–46, 2000.

[2] Bellman, R. *Dynamic Programming*. Princeton University Press, Princeton, NJ, 1957.

[3] Ben-Or, M., Goldwasser, S., and Wigderson, A. Completeness theorems for non-cryptographic fault-tolerant distributed computation. In *Proceedings of the 20th ACM Symposium on the Theory of Computing*, pages 1–10, 1988.

[4] Goldreich, O., Micli, S., and Wigderson, A. How to play any mental game or a completeness theorem for protocols with honest majority. In *Proceedings of the 19th ACM Symposium on the Theory of Computing*, pages 218–229, 1987.

[5] Ito, T., Yokoo, M., and Matsubara, S. Designing an auciton protocol under asymmetric information on nature's selection. In *Proceedings of the First International joint Conference on Autonomous Agents and Multiagent Systems (AAMAS-2002)*, pages 61–68, 2002.

[6] Kikuchi, H. (M+1)st-Price auction protocol. In *Proceedings of the Fifth International Financial Cryptography Conference (FC-01)*, 2001.

[7] McAfee, R. P. A dominant strategy double auction. *Journal of Economic Theory*, 56:434–450, 1992.

[8] Sandholm, T., Suri, S., Gilpin, A., and Levine, D. CABOB: A fast combinatorial algorithm for optimal combinatorial auctions. In *Proceedings of the 17th International Joint Conference on Artificial Intel-*

ligence (IJCAI-2001), pages 1102–1108, 2001.

[9] Suyama, T. and Yokoo, M. Strategy/false-name proof protocols for combinatorial multi-attribute procurement auction. *Autonomous Agents and Multi-Agent Systems*, 11(1):7–21, 2005.

[10] Suzuki, K. and Yokoo, M. Secure combinatorial auctions by dynamic programming with polynomial secret sharing. In *Proceedings of the Sixth International Financial Cryptography Conference (FC-02)*, Lecture Notes in Computer Science 2357, pages 44–56. Springer, 2002.

[11] Vickrey, W. Counter speculation, auctions, and competitive sealed tenders. *Journal of Finance*, 16:8–37, 1961.

[12] Yokoo, M. The characterization of strategy/false-name proof combinatorial auction protocols: Price-oriented, rationing-free protocol. In *Proceedings of the 18th International Joint Conference on Artificial Intelligence*, pages 733–739, 2003.

[13] Yokoo, M., Sakurai, Y., and Matsubara, S. Robust combinatorial auction protocol against false-name bids. *Artificial Intelligence*, 130(2):167–181, 2001.

[14] Yokoo, M., Sakurai, Y., and Matsubara, S. The effect of false-name bids in combinatorial auctions: New fraud in Internet auctions. *Games and Economic Behavior*, 46(1):174–188, 2004.

[15] Yokoo, M., Sakurai, Y., and Matsubara, S. Robust double auction protocol against false-name bids. *Decision Support Systems*, 39:23–39, 2005.

[16] Yokoo, M. and Suzuki, K. Secure multi-agent dynamic programming based on homomorphic encryption and its application to combinatorial auctions. In *Proceedings of the First International Conference on Autonomous Agents and Multiagent Systems (AAMAS-2002)*, pages 112–119, 2002.

[17] 伊藤孝行, 横尾真, 松原繁夫. 自然の選択の情報に非対称性が存在する場合のオークションプロトコルの設計. **コンピュータソフトウェア** (ソフトウェア科学会論文誌), 20(1):25–34, 2003.

[18] 横尾真, 櫻井祐子, 松原繁夫. 架空名義表明のメカニズムデザインに対する影響：インターネットでの集団意思決定に向けて. **コンピュータソフトウェア**, 17(5):445–454, 2000.

[19] 横尾真, 櫻井祐子, 松原繁夫. 架空名義入札に頑健なダブルオークションプロトコル. **電子情報通信学会論文誌**, J84-DI(8):1140–1149, 2001.

[20] 横尾真, 櫻井祐子, 松原繁夫. 架空名義入札に頑健な組合せオークションプロトコル. **情報処理学会論文誌**, 43(6):1814–1824, 2002.

[21] 櫻井祐子, 横尾真, 松原繁夫. 電子商取引における一般化 vickrey オークションプロトコルの問題点：架空名義入札に対する頑健性. **コンピュータソフトウェア**, 17(2):1–9, 2000.

索引

【英数字】

25 を言ったら負け　35
Deep Blue　51
Deep Thought　51
MAX ノード　37
MAX プレイヤ　37
MB プロトコル　124
MD プロトコル　128
MIN ノード　37
MIN プレイヤ　37
NP 完全問題　104
TPD プロトコル　131

【あ行】

アルファ・ベータ探索 (ゲーム木)　45
鞍点　15
一円入札　103
一括均衡　61
一般化ビックレー入札　108
英国型オークション　72
追い詰めゲーム　41
オランダ型オークション　79

【か行】

階段じゃんけん　32
架空名義入札　116, 130

カスパロフ，ガルリ　51
共通価値　63, 89
組合せオークション　101
クラークの税　114
ゲームの木　37
ゲームの例：宝石の分配　27
顕示原理　86
行動　5
効用　5
合理的なプレイヤ　7
個人価値　63
混合戦略　18

【さ行】

サイモン，ハーバート　51
さくら入札　85
サミュエル，アーサー　51
シグナリング　58
支配戦略　8
支配戦略均衡　9
シャノン，クロード　50
囚人のジレンマ　23
囚人のジレンマトーナメント　25
収入同値定理　81
主催者の不正行為　85
純粋戦略　18

準線形の効用　64
勝者決定問題　104
勝者の災い　89, 92
情報の非対称性　98
新聞社の競争　6
水平線効果 (ゲーム木)　44
スナイピング　96
静的評価関数 (ゲーム木)　43
制度設計　3
セキュア動的計画法　138
セキュアプロトコル　134
ゼロサムゲーム　11
線形計画法　106
セント・ペテルスブルグの逆説　65
相関価値　63

【た行】

第一価格秘密入札　1, 76
大学進学ゲーム　59
代替性　102
第二価格秘密入札　2, 73
大は小を兼ねる？　75
ダブルオークション　126
談合　84, 93
探索木 (勝者決定問題)　105
チューリング，アラン　50
調達　92, 103
直接顕示メカニズム　86
同時多数回オークション　107
動的計画法　136
ドレイファス，ヒューバート　51

【な行】

ナッシュ，ジョン　32
ナッシュ均衡　29
ナッシュの定理　32
偽金貨を探す　52
ニム　40
ノード (ゲーム木)　37

【は行】

箱の中の豚　11
バックワードインダクション　26
パレート効率性　22
パレート効率性 (準線形の場合)　69
反復支配戦略均衡　11
ビスマルク海の戦い　9
ビックレー，ウィリアム　2, 81
ビックレー入札　2, 73
秘密分散　135
フォン・ノイマン，ジョン　4
不完備情報ゲーム　55
複数属性オークション　92
複数ユニットオークション　101
二人ゲーム　5
フリーライダの問題　111
プレイヤ　5
分岐限定法　106
分離均衡　60
ベイジアンナッシュ均衡　58
ペナルティキック　16
補完性　101

【ま行】

ミニマックス戦略　13
ミニマックス法 (ゲーム木)　43
無線周波数帯域オークション　102
メカニズムデザイン　3, 70
モルゲンシュテルン，オスカー　4

【や行】

誘因両立性　86
弱虫ゲーム　30
弱虫ゲーム (変形版)　57

【ら行】

ラベル付け (ゲーム木)　38
リスク回避　64
リスク中立　64
利得　5
利得行列　5
リンク (ゲーム木)　37
レベル付き分割セットプロトコル　123

【著者紹介】

横尾 真（よこお・まこと）

学　歴	東京大学工学部電子工学科卒業（1984） 東京大学工学系研究科電子工学専攻修士課程修了（1986） 博士（工学），東京大学大学院工学系研究科電子情報専攻（1995）
職　歴	日本電信電話株式会社（1986-2004） ミシガン大学 the Department of Electrical Engineering and Computer Science 客員研究員（1990-1991） 九州大学大学院システム情報学研究院知能システム学部門教授（2004-）

オークション理論の基礎　　ゲーム理論と情報科学の先端領域

2006年6月10日　第1版1刷発行　　　　ISBN 978-4-501-54140-8 C3004
2021年9月20日　第1版5刷発行

著　者　横尾　真
　　　　Ⓒ Yokoo Makoto　2006

発行所　学校法人　東京電機大学　〒120-8551　東京都足立区千住旭町5番
　　　　東京電機大学出版局　　　Tel. 03-5284-5386（営業）03-5284-5385（編集）
　　　　　　　　　　　　　　　　Fax. 03-5284-5387　振替口座 00160-5-71715
　　　　　　　　　　　　　　　　https://www.tdupress.jp/

JCOPY ＜（社）出版者著作権管理機構　委託出版物＞
本書の全部または一部を無断で複写複製（コピーおよび電子化を含む）することは，著作権法上での例外を除いて禁じられています。本書からの複製を希望される場合は，そのつど事前に，（社）出版者著作権管理機構の許諾を得てください。また，本書を代行業者等の第三者に依頼してスキャンやデジタル化をすることはたとえ個人や家庭内での利用であっても，いっさい認められておりません。
［連絡先］Tel. 03-5244-5088，Fax. 03-5244-5089，E-mail：info@jcopy.or.jp

---

印刷：三美印刷(株)　　製本：渡辺製本(株)
装丁：福田和雄・小口翔平（FUKUDA DESIGN）
落丁・乱丁本はお取り替えいたします。　　　　　　　　Printed in Japan

東京電機大学出版局　出版物ご案内

デザインマネジメントシリーズ
デザインマネジメント原論
デザイン経営のための実践ハンドブック

デイビッド・ハンズ 著／篠原稔和 監訳
B5 変型　240 頁

デザインマネジメント領域の第一人者デイビッド・ハンズ氏の著作，待望の翻訳。明快でわかりやすく，初学者から実務者まで学習可能な最良の教科書。

デザインマネジメントシリーズ
実践デザインマネジメント
創造的な組織デザインのためのツール・プロセス・プラクティス

イゴール・ハリシキヴィッチ 著／篠原稔和 監訳
B5 変型　240 頁

激しい環境下でビジネスシステムをデザインするために，創造性・イノベーション・ビジネスモデルの開発を組織化していく方法を解説。

システムズモデリング言語 SysML

サンフォード・フリーデンタール 他著／西村秀和 監訳
B5 変型　586 頁

世界的規模で効率的に製品の開発・製作を行う際に欠かすことのできないシステムズモデリング言語 SysML の解説書。

群知能とデータマイニング

アジス・アブラハム 他編／栗原聡・福井健一 訳
A5 判　328 頁

昆虫や鳥が群れとなることで知的な行動をとる「群知能」の性質を，データマイニングに利用する研究について解説。

テキストマイニングを使う技術／作る技術
基礎技術と適用事例から導く本質と活用法

那須川哲哉 著
A5 判　250 頁

テキストマイニングの本質的な役割とその活用法を示すとともに，技術面での今後の発展可能性を示した一冊。

サービス工学の技術
ビッグデータの活用と実践

本村陽一・竹中毅・石垣司 編著
A5 判　218 頁

サービス工学の実践事例を紹介し，その中核的技術としてのビッグデータを活用する手法やその周辺技術の紹介を行う。

ベイジアンネットワーク技術
ユーザ・顧客のモデル化と不確実性推論

本村陽一・岩崎弘利 著
A5 判　176 頁

ベイジアンネットワークの基礎的知識から，コンピュータで実装するための知識，実際に利用するためのケーススタディをまとめた一冊。

数理議論学

若木利子・新田克己 著
A5 判　200 頁

意思決定や裁判支援，マルチエージェントシステムによる推論や交渉などに応用が可能な数理議論学について解説。

＊ 定価，図書目録のお問い合わせ・ご要望は出版局までお願いいたします。
https://www.tdupress.jp/

東京電機大学出版局 出版物ご案内

横幹〈知の統合〉シリーズ
〈知の統合〉は何を解決するのか
モノとコトのダイナミズム

横幹〈知の統合〉シリーズ編集委員会 編
A5判 136頁

〈知の統合〉を通して人間・社会の課題解決への道筋を探るシリーズ第一弾。「モノつくり」からシステム構築に基づいた「コトつくり」へ向かうヒント。

横幹〈知の統合〉シリーズ
カワイイ文化とテクノロジーの隠れた関係

横幹〈知の統合〉シリーズ編集委員会 編
A5判 128頁

「カワイイ」に代表されるポピュラーな感性的価値は，感性工学・社会学・文化論・経済産業論など，様々な学問領域の見地から論考。

横幹〈知の統合〉シリーズ
価値創出をになう人材の育成
コトつくりとヒトつくり

横幹〈知の統合〉シリーズ編集委員会 編
A5判 120頁

多領域にわたる課題解決や革新的なイノベーション創出に向け，異分野の知と積極的に連携し，俯瞰的な視点からアプローチできる人材の育成法を提言。

横幹〈知の統合〉シリーズ
社会シミュレーション
世界を「見える化」する

横幹〈知の統合〉シリーズ編集委員会 編
A5判 130頁

現象をモデル化・可視化することで，世界のダイナミズムを読み解くツールとして注目を集める「社会シミュレーション」の手法を様々な視点から紹介。

横幹〈知の統合〉シリーズ
ともに生きる地域コミュニティ
超スマート社会を目指して

横幹〈知の統合〉シリーズ編集委員会 編
A5判 144頁

人間を中心とした望ましい地域社会のあり方を検討し，どのようにサイバー空間と地域を計画すればよいか，事例をもとに提言。

ソーシャルメディアと〈世論〉形成
間メディアが世界を揺るがす

遠藤薫 編著
A5判 344頁

ソーシャルメディアの浸透で社会はどう変わったか。融合と対立の二面性を併せ持つソーシャルメディアのダイナミズムに迫る。

間メディア社会の〈ジャーナリズム〉
ソーシャルメディアは公共性を変えるか

遠藤薫 編著
A5判 340頁

多様なメディアが相互に影響し合う社会におけるジャーナリズムとは。ジャーナリズムの理念・形成過程を整理し，注目すべき国内外の事例をもとに論考。

間メディア社会における〈世論〉と〈選挙〉
日米政権交代に見るメディア・ポリティクス

遠藤薫 著
A5判 264頁

新たなメディアの登場で生じた〈コミュニケーション〉構造の変化により，政治はどう変わるのか。報道・世論・政治の相互作用プロセスを論考する。

＊ 定価，図書目録のお問い合わせ・ご要望は出版局までお願いいたします。
https://www.tdupress.jp/

IA-008

東京電機大学出版局　出版物ご案内

デジタル・フォレンジックの基礎と実践

佐々木良一 編著
A5判　304頁

デジタル・フォレンジックに携わる情報処理技術者や警察・検察，金融関係者，弁護士向けに，基礎から応用まで包括的にまとめた実践的教科書。

電子戦の技術　新世代脅威編

デビッド・アダミー 著／河東晴子 他訳
A5判　514頁

通信・レーダ・IRという電子戦の在来型脅威の概要を示すとともに，近年出現した新たな脅威に対抗するための課題について解説。

通信工学の基礎

松本隆男・吉野隆幸 著
A5判　216頁

はじめて通信工学を学ぶ人に向けたテキスト。前半でアナログ通信，後半でデジタル通信について学習できるようまとめた。

コンピュータ工学の基礎

浅川毅 著
A5判　224頁

はじめてコンピュータ工学を学ぶ人向けにまとめたテキスト。コンピュータ技術の進歩を踏まえて解説。

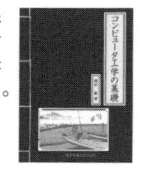

コンピュータとは何か？

中村克彦 著
A5判　258頁

コンピュータの創出に不可欠ないくつもの理論や科学技術を，「ことば・情報・論理・思考・知識」の5つのキーワードから紐解く。

デジタルアポロ
月を目指せ 人と機械の挑戦

デビッド・ミンデル 著／岩澤ありあ 訳
A5判　480頁

米国航空宇宙学会賞受賞作品。失敗が許されない極限状態のなか，人はどこまで「機械」に任せるのか。史実から未来を見つめる。

シリーズ デジタルプリンタ技術
改訂 インクジェット

日本画像学会 編／藤井雅彦 監修
A5判　308頁

インクジェットプリンタをとりまく研究・技術動向や，基本的な性能の向上，インク材料の多様化等の変化を踏まえて改訂。

ICT・IoTのためのアンテナ工学

川上春夫・田口光雄 著
A5判　216頁

無線工学の中枢であるアンテナの技術において，中心的な役割を担うアンテナの解析法とその技法に焦点をあててまとめた。

＊定価，図書目録のお問い合わせ・ご要望は出版局までお願いいたします。
https://www.tdupress.jp/